J
AI
-ME
PAS

Les cuillères à soupe pour manger les desserts car on ne sent que le métal sur la langue.

Les desserts brûlants ou glacés.

LES FRAISES APRÈS UN PASSAGE AU RÉFRIGÉRATEUR.

La crème allégée.

QUE L'ON ME SERVE MON DESSERT EN ME DISANT « BONNE CONTINUATION ».

ALL MY BEST

DESSERTS

julie andrieu

ALAIN DUCASSE
EDITION

Édito

J'aime passionnément la pâtisserie. Comme beaucoup d'enfants, c'est par les gâteaux que je suis venue à la cuisine.
La pâtisserie est une école de patience, de précision et d'humilité, elle sollicite l'imagination et le sens esthétique. Mais avant tout, elle est annonciatrice de partage et de plaisir. Comment ne pas y succomber ? Pour le premier tome de ce All my Best, j'avais réuni mes recettes favorites, celles que je réserve à mes potes, à ma famille et dont je ne crains pas de dire qu'elles sont mes spécialités. La formule anglo-saxonne résumait bien l'intention : « je vous souhaite tout le meilleur »... de ma cuisine. Mais la place consacrée à la pâtisserie restait portion congrue ; la balance est désormais rétablie, trois ans plus tard, avec ce deuxième tome entièrement dédié au sucré. Autant vous annoncer la couleur, ceux qui jubilent à l'idée de passer deux jours à confectionner un saint-honoré, qui emportent leur sorbetière sur une plage déserte et se ruinent en matériel pro pour concurrencer l'opéra de leur pâtissier n'y trouveront probablement pas leur compte.
Ma pâtisserie est simple, quotidienne, cosmopolite mais aussi fantaisiste et sentimentale sans jamais oublier d'être précise.

Du cake à la banane et au pavot que vous ferez réaliser par vos enfants au merveilleux au chocolat digne de votre mariage, tout est à votre portée et destiné à régaler les plus gourmands sans jamais se prendre la tête. Les recettes ont été glanées auprès de ceux qui partagent avec moi la passion du goût : amis, famille, participants à mes « Carnets », mais aussi et surtout, mises au point dans ma cuisine année après année, test après test, pour trouver l'ultime tarte au citron, la pavlova inratable, le fondant au chocolat irrésistible, la tarte aux fraises dont on ne revient pas… toutes ces recettes, fruits de milliers d'heures d'apnée joyeuse en cuisine, je vous les livre ici.
À vous de les accommoder, de les modifier, des vous les approprier pour qu'elles deviennent « vos » Best !

S O M M -

–

A

I

R

E

PARTAGÉ

« Est-il un plaisir
plus savoureux que celui
d'avoir à sa table deux amis
gourmands et gais ? »

SACHA GUITRY

PARTAGE

macaronade aux pistaches

Un biscuit macaron aux amandes, cousin germain de la dacquoise et du succès, garni d'une crème pâtissière enrichie de pâte de pistache dans laquelle je glisse parfois, si la saison le suggère, quelques framboises, pour la couleur et pour l'acidulé. À chaque fois, c'est un hit ! Petit conseil : soyez patient, ce gâteau est encore meilleur après 48 h de repos au réfrigérateur.

POUR 6 À 8 PERSONNES

CRÈME PÂTISSIÈRE À LA PISTACHE

30 g de sucre
2 jaunes d'œufs
10 g de Maïzena®
10 cl de lait
80 g de pâte de pistache
1 gousse de vanille
80 g de beurre
30 g de pistaches non salées

DACQUOISE

6 blancs d'œufs (220g environ)
200 g de sucre
200 g de poudre d'amande
1 pincée de sel
Sucre glace
Thé vert

CONSEIL

Ajoutez éventuellement un peu d'essence de pistache dans la crème.
Si la crème à la pistache est trop liquide à la sortie du réfrigérateur, repassez-la quelques instants sur feu vif en mélangeant sans cesse.

Préparez la crème pâtissière : dans une petite casserole, fouettez ensemble le sucre et les jaunes d'œufs, incorporez la Maïzena® et fouettez de nouveau jusqu'à l'obtention d'une crème onctueuse.
Versez le lait dans une casserole, ajoutez la pâte de pistache et les graines de la gousse de vanille, puis portez à ébullition. Versez le lait sur les jaunes d'œufs en fouettant et laissez épaissir sur feu moyen sans cesser de mélanger. Retirez du feu et ajoutez le beurre en petits dés ainsi que les pistaches.
Mélangez, puis, quand le beurre est fondu, laissez refroidir. Réservez au réfrigérateur.

Préparez la dacquoise : préchauffez le four à 180 °C (th. 6) en fonction chaleur ventilée. Couvrez de papier cuisson une plaque à pâtisserie de 35 x 25 cm environ. Fouettez les blancs d'œufs avec la pincée de sel. Quand ils sont bien montés, ajoutez progressivement le sucre.
Fouettez encore quelques instants pour l'incorporer. Ajoutez la poudre d'amande en mélangeant à la spatule.
Étalez la préparation sur le papier et lissez bien avec la spatule. Enfournez pour 20 min. La meringue doit être bien dorée. Retirez le biscuit de la plaque et du papier, et laissez-le refroidir sur une grille.

Sortez la crème du réfrigérateur. Elle doit avoir épaissi pour se tenir sur le gâteau. Découpez la dacquoise en deux, étalez la crème de pistache sur une moitié, sur le côté qui a cuit contre la plaque, couvrez avec l'autre plaque de dacquoise, pressez légèrement, et laissez reposer 1 à 2 jours au réfrigérateur.

Servez découpé en rectangles ou en petits carrés, saupoudrés de sucre glace et d'un voile de thé vert.

PRÉPARATION : 25 MIN — CUISSON : 25 MIN — REPOS : 24 À 48 H

charlotte aux fraises aux parfums d'hibiscus

PRÉPARATION : 30 MIN CUISSON : 5 MIN REPOS : 4 H MINIMUM

POUR 6 À 8 PERSONNES

750 g	de fraises
1	poignée de fleurs d'hibiscus séchées (si vous n'en avez pas, la charlotte sera délicieuse quand même !)
25 cl	de crème fleurette
3,5	feuilles de gélatine
1	orange à jus
80 g	de sucre glace + 2 c. à s.
300 g	de biscuits à la cuillère

CONSEIL

Pour gagner du temps, vous pouvez utiliser du coulis de fraise tout prêt et n'acheter que 300 g de fraises entières. Vous pouvez aussi remplacer les fraises par des griottes en bocal et tremper les biscuits dans leur sirop, additionné de kirsch. Cette charlotte peut se préparer 24 h à l'avance.

Préparez une infusion d'hibiscus : portez à ébullition 20 cl d'eau, plongez les fleurs d'hibiscus dans la casserole, retirez du feu, couvrez et laissez infuser 5 min. Filtrez.

Versez la crème fleurette dans un saladier et placez-le au congélateur. Faites ramollir la gélatine dans un grand bol d'eau froide. Pressez le jus de l'orange.

Lavez et équeutez les fraises. Mixez-en 450 g avec 80 g de sucre glace. Coupez 200 g de fraises en dés et mélangez-les avec 1 c. à s. de sucre glace.

Dans une petite casserole, portez à frémissement 3 c. à s. de coulis de fraise et 1 c. à s. de jus d'orange. Retirez du feu, ajoutez la gélatine essorée et 1 c. à s. d'infusion d'hibiscus. Mélangez, puis laissez tiédir.

Humidifiez un moule à charlotte de 15 cm de diamètre environ et tapissez-le de film alimentaire. Versez le reste de jus d'orange et d'infusion d'hibiscus dans un plat creux, ajoutez 1 c. à s. de sucre glace et trempez-y rapidement les biscuits à la cuillère. Tapissez les parois du moule à charlotte de biscuits, côté bombé vers l'extérieur.

Sortez la crème du congélateur et, à l'aide d'un batteur électrique, montez-la en chantilly. Ajoutez la moitié du coulis de fraise, le coulis à la gélatine et les dés de fraises. Versez dans le moule, couvrez de biscuits imbibés et entreposez au réfrigérateur pendant 4 h minimum. Réservez le reste du coulis de fraise au frais.

Avant de servir, démoulez la charlotte, décorez-la avec les fraises restantes coupées en deux et servez avec le coulis.

clafoutis aux cerises simple et bon

500 g de cerises burlats
2 gros œufs + 2 jaunes
140 g de sucre
140 g de crème liquide
110 g de poudre d'amande
30 g de Maïzena®
Beurre
Cassonade

CONSEIL

Pour un effet plus amusant, j'aime bien laisser les queues sur les cerises sans les dénoyauter.
Vous pouvez également utiliser des petites cocottes en fonte.
Pour un clafoutis aux pêches et aux pralines, remplacez les cerises par 6 pêches blanches mûres à point, puis saupoudrez la surface des desserts de pralines grossièrement concassées avant d'enfourner.

POUR 6 PERSONNES — PRÉPARATION : 15 MIN — CUISSON : 25 MIN

Préchauffez le four à 180 °C (th. 6). Lavez les cerises, séchez-les et dénoyautez-les avec un couteau à lame pointue sans les couper en deux.

Dans un saladier, fouettez les œufs et les jaunes avec le sucre. Ajoutez la crème liquide, puis la poudre d'amande et la Maïzena® tamisées.

Beurrez et sucrez à la cassonade six ramequins ou un grand moule à bords hauts, répartissez la pâte dans les moules et enfoncez-y délicatement les cerises : elles doivent être presque immergées.
Enfournez pour 25 min.
Si le dessus n'est pas doré en fin de cuisson, allumez le gril quelques minutes.
Laissez refroidir dans les moules.

Démoulez ou servez tel quel, saupoudré de sucre glace et accompagné de glace à la vanille ou d'un coulis de cerise.

la croustade aux pommes d'Isabelle

PÂTE

1	œuf
500 g	de farine T55
15 cl	d'huile de tournesol + 1 c. à s.
	Sel

GARNITURE

3	pommes goldens
7 cl	d'armagnac
100 g	de beurre
120 g	de sucre

CONSEIL

Je vous conseille de placer le moule en bas du four ou de mettre le four sur position sole uniquement pour les 15 dernières minutes de cuisson afin que le dessous soit bien croustillant. Isabelle arrose très légèrement sa croustade d'armagnac à la fin de la cuisson.

POUR 6 À 8 PERSONNES — PRÉPARATION : 1 H — CUISSON : 30 MIN

Lointaine mémoire de la présence arabe dans le sud-ouest de la France, cette tarte au feuilletage d'une extrême finesse nécessite un peu de doigté et... une table ronde. La pâte est d'abord conservée une nuit dans l'huile pour lui assurer un maximum d'élasticité, puis elle est placée au centre d'une table ronde de 1,30 m de diamètre avant d'être étirée jusqu'à la recouvrir comme un voile. Ne reste plus qu'à tailler des disques à main levée dans ce « papier à cigarette » et à les froisser pour constituer le traditionnel feuilletage, léger et croustillant, de la croustade gersoise. Préparez-la avec les enfants et, rassurez-vous, les trous ne changent pas grand-chose au résultat. Inoubliable ! Merci à Isabelle.

La veille, préparez la pâte : dans un saladier, cassez l'œuf, ajoutez 20 cl d'eau, 1 bonne pincée de sel, 1 c. à s. d'huile, puis intégrez la farine poignée par poignée en mélangeant au fouet, puis à la cuillère et enfin à la main au fur et à mesure que la pâte épaissit. Pétrissez-la, repliez-la et, pour finir, battez-la avec un rouleau à pâtisserie. Placez la pâte dans un sac congélation en plastique, ajoutez l'huile, repliez le sac et posez-le dans une assiette creuse.

Lavez et coupez les pommes en lamelles assez fines, puis arrosez-les d'armagnac. Mélangez et laissez macérer. Laissez reposer pâte et pommes 1 nuit au frais.

Le jour même, couvrez une table ronde de 1,30 m de diamètre environ d'un drap ou d'une nappe propre et lavée sans adoucissant. Farinez-la légèrement et placez la pâte au centre de la table. Étirez-la progressivement vers les bords en veillant à ne pas (trop) la trouer. Laissez sécher pendant 30 min à 1 h selon la température et l'humidité ambiantes. Au besoin, séchez-la avec un sèche-cheveux en la soulevant légèrement.

Préchauffez le four à 200 °C (th. 7). Faites fondre le beurre et beurrez un moule à tarte métallique. Arrosez la pâte de gouttes de beurre fondu de toutes parts. Sucrez à la main également ; prélevez 1 poignée de sucre et mélangez-la aux pommes. Dans la pâte, tracez des cercles un peu plus grands que la taille du moule avec un couteau à lame fine et déposez-en 7 ou 8 dans le fond du moule. Répartissez les pommes, puis couvrez de 3 ou 4 cercles et de chutes de pâte, puis froissez 4 ou 5 feuilles de pâte sur le dessus pour donner du volume et du croustillant. Enfournez et laissez cuire de 25 à 30 min. Mangez tiède.

REPOS : 1 NUIT + 1 H

pommes confites, comme une tatin sans pâte

POUR 6 PERSONNES

1,2 kg de pommes mélangées (goldens, galas, reinettes, granny smith)
30 g de beurre
30 g de vergeoise
1/2 citron non traité

CONSEIL

N'hésitez pas à ajouter un voile de cannelle ou quelques raisins secs. Si vous n'avez pas de vergeoise, utilisez du sucre, mais votre tarte sera moins dorée. N'augmentez pas la quantité de pommes car la vapeur ne se développera pas de la même façon si elles arrivent à ras bord du moule. Évitez les pommes trop aqueuses comme les variétés boskoop ou clochard.

La veille, préchauffez le four à 150 °C (th. 5).

Prélevez le zeste du citron et hachez-le finement. Pelez et coupez les pommes en quartiers, puis coupez chaque quartier en deux. Beurrez généreusement le fond et les parois d'un moule à charlotte. Tapissez le fond de morceaux de pommes, saupoudrez d'un voile de vergeoise, de zeste de citron et de quelques dés de beurre. Recommencez jusqu'à épuisement des ingrédients.

Couvrez le plat d'aluminium et percez-le de quelques trous. Enfournez et laissez cuire pendant 3 h. Laissez refroidir toute la nuit au réfrigérateur.

Le jour même, démoulez en plaçant une assiette sur le moule et en retournant le tout d'un coup sec.

Servez en parts comme une tarte traditionnelle, accompagnées de crème fraîche épaisse ou d'une boule de glace à la vanille.

PRÉPARATION : 10 MIN — CUISSON : 3 H — REPOS : 1 NUIT

PRÉPARATION : 10 MIN

CUISSON : DE 40 À 45 MIN

le meilleur farz aux pruneaux

300 g	de pruneaux non dénoyautés
200 g	de farine
250 g	de sucre
4	œufs
1	gousse de vanille
1 l	de lait entier (si possible cru ou thermisé)
30 g	de beurre salé

Préchauffez le four à 210 °C (th. 7), sans ventilation. Mélangez la farine et le sucre, ajoutez les œufs et les graines de la gousse de vanille, puis fouettez vigoureusement. Ajoutez le lait au mélange précédent en fouettant.

Beurrez généreusement un grand plat en terre ou en verre, déposez des pruneaux régulièrement au fond. Versez la préparation dessus et couvrez de lamelles de beurre salé. Enfournez sur une grille pour 40 à 45 min. Servez à température ambiante.

CONSEIL

Ne dénoyautez pas les pruneaux, cela leur donne plus de volume et de tenue !

fiadone comme en Corse

500 g	de brousse ou bruccio frais
4	œufs
150 g	de sucre
1 c. à s.	d'eau de fleur d'oranger
1 c. à s.	de cognac
1	citron (zeste et jus)

Préchauffez le four à 175 °C (th. 6).
Mettez tous les ingrédients dans un saladier et fouettez-les vivement.
Versez la préparation dans un plat à gratin ou un plat en terre de taille moyenne.

Enfournez à mi-hauteur pour 30 à 35 min de cuisson. Le gâteau doit être doré.
Servez à température ambiante.

POUR 8 PERSONNES — PRÉPARATION : 10 MIN — CUISSON : DE 30 À 35 MIN

CONSEIL

Le secret de Jeanine dont je tiens la recette : le fiadone ne doit jamais connaître le frigo ! Pour une consistance plus homogène et légère, mélangez la préparation au fouet électrique pendant 20 s. La saveur de l'eau de fleur d'oranger est assez soutenue (et encore, Jeanine en met davantage, une habitude toute marseillaise), n'hésitez pas à la doser selon votre goût.

galette des Rois à la crème frangipane

2	rouleaux ou plaques de pâte feuilletée (de 600 g environ)
80 g	de beurre
90 g	de sucre glace
90 g	de poudre d'amande
10 g	de Maïzena®
1	œuf + 1 jaune
1/2 c. à c.	d'essence d'amande amère
120 g	de crème pâtissière (voir p. 315)
1 c. à s.	de sucre glace

CONSEIL

Ne mettez pas trop d'eau sur les bords, au risque que les 2 pâtes glissent sans adhérer.
Si vous utilisez de la pâte feuilletée achetée chez le pâtissier, étalez-la en 2 disques de 30 cm de diamètre et 2 mm d'épaisseur.
Vous pouvez également réaliser cette recette en portions individuelles.

POUR 6 PERSONNES — PRÉPARATION : 30 MIN — CUISSON : 35 MIN

Sortez le beurre du réfrigérateur 1 h à l'avance. Faites colorer la poudre d'amande dans une poêle sèche et laissez refroidir. Préchauffez le four à 180 °C (th. 6) en fonction chaleur tournante.

Écrasez le beurre pommade à l'aide d'un fouet. Mélangez au batteur ou à la main le sucre glace, la poudre d'amande torréfiée et la Maïzena® avec le beurre pommade. Ajoutez 1 œuf battu et l'essence d'amande amère. Incorporez la crème pâtissière bien souple. Fouettez brièvement, sans émulsionner, sinon la crème va faire gonfler la galette.

Déroulez un disque de feuilletage sur sa feuille de papier, et posez-le sur une plaque à pâtisserie. Étalez la frangipane avec une cuillère en partant du centre et en laissant 2 cm de bord vierge. Déposez une fève. À l'aide d'un pinceau, badigeonnez très légèrement d'eau les bords. Posez le deuxième disque de pâte sur le dessus et pressez pour faire adhérer les bords. Chiquetez-les : avec le dos d'un couteau, réalisez de petites entailles sur le pourtour de la galette. Mettez au frais pour 10 min.

Dans un bol, mélangez le jaune d'œuf et 1/2 c. à s. d'eau. Sortez la galette du réfrigérateur. Badigeonnez-la du mélange au jaune d'œuf, puis décorez-la en traçant des losanges ou en faisant des demi-cercles en partant du centre. Creusez un petit trou au centre et piquez la surface de cinq coups de couteau pour laisser la vapeur s'échapper. Enfournez et laissez cuire 35 min en tournant la plaque à mi-cuisson.

Sortez la galette du four 2 min avant la fin de la cuisson. Allumez le gril. Saupoudrez la surface de sucre glace à travers une passoire fine et mettez à glacer 2 min au four, porte ouverte, en surveillant attentivement pour qu'elle ne brûle pas. Servez-la tiède.

REPOS : 10 MIN

gâteau à l'orange, huile d'olive et safran

4	belles oranges «à bouche» non traitées à peau fine
15 cl	d'huile d'olive plutôt douce
3	doses de safran en filaments (ou de la cannelle)
400 g	de sucre ou de cassonade
3 c. à s.	de vin doux
3	gros œufs
250 g	de farine blanche ou semi-complète
130 g	de poudre d'amande
1	sachet de levure ou 10g de bicarbonate de soude
1	pincée de sel

POUR 8 PERSONNES — PRÉPARATION : 20 MIN — CUISSON : 1 H 20

Si je devais désigner un gâteau pour représenter ma pâtisserie, ce serait celui-ci. D'abord parce que je suis accro à sa saveur, ou plutôt à ses saveurs, étonnant mélange d'orange, de miel, de safran, d'huile d'olive et d'amande, mais aussi parce qu'il est un peu magique : on glisse tout dans le mixeur, on cuit, et c'est prêt. Et enfin parce qu'il peut et fait voyager. Il émane du souvenir d'un tournage en Castille et d'une émotion ressentie en goûtant une salade d'orange. Seul impératif : la qualité des oranges, peau fine et douce, non traitées bien sûr.

CONSEIL

Vous pouvez mélanger le safran, la purée d'orange et l'huile d'olive la veille pour que les arômes se développent au maximum.
Ajoutez 2 c. à s. d'eau de fleur d'oranger ou remplacez le vin doux par du rhum.
Si vous faites cuire cette préparation dans des petits ramequins individuels, comptez 40 min de cuisson.
Ce gâteau est meilleur le lendemain.
Conservez-le au frais mais pas nécessairement au réfrigérateur, sauf au-delà de 48 h.

Lavez et séchez 2,5 oranges (environ 500 g). Coupez-les en quartiers sans les peler et mixez-les jusqu'à l'obtention d'une purée. Ajoutez l'huile d'olive, 2 doses de safran, 300 g de sucre et 2 c. à s. de vin doux, puis mixez de nouveau.

Préchauffez le four à 160 °C (th. 5-6). Mélangez la farine, la poudre d'amande, la levure et le sel dans un saladier. Ajoutez un à un les œufs à la préparation à l'orange, puis ajoutez le mélange farine-poudre d'amande. Mélangez.

Huilez et sucrez un moule à manqué ou à savarin de 25 cm de diamètre (ou 2 moules à cake). Versez la préparation et faites cuire 50 min si vous utilisez un moule à manqué ou un moule à cake, ou 1 h s'il s'agit d'un moule à savarin profond. Laissez tiédir avant de démouler.

Pendant ce temps, taillez 1 orange en rondelles très fines avec la peau. Pressez le jus de la 1/2 orange restante et versez-le dans une casserole. Ajoutez le sucre restant et 5 cl d'eau, puis portez à ébullition. Baissez le feu, plongez les rondelles d'orange dans le mélange et ajoutez le reste du safran. Laissez confire pendant 30 min environ.
À la fin de la cuisson, retirez du feu et ajoutez le vin doux restant. Mélangez et versez sur le gâteau démoulé et encore tiède. Décorez avec les rondelles d'orange confites. Laissez refroidir et servez en tranches. Accompagnez éventuellement d'un peu de fromage frais battu avec du miel.

gâteau basque au chocolat

PÂTE

200 g	de chocolat noir à 70 % de cacao
120 g	de beurre
180 g	de sucre
2	gros œufs
240 g	de farine
1	sachet de levure chimique

GANACHE

150 g	de chocolat noir à 70% de cacao
100 g	de crème fraîche
15 g	de beurre
1/2 c. à c.	de cannelle en poudre

CONSEIL

Pour varier la saveur, vous pouvez remplacer le beurre de la ganache par 50 g de caramels mous fondus.

POUR 8 PERSONNES PRÉPARATION : 20 MIN CUISSON : 45 MIN

Préparez la pâte : faites fondre le beurre. Mélangez-le au sucre et aux œufs. Ajoutez la farine tamisée avec la levure, puis incorporez le chocolat fondu. Réservez la pâte au réfrigérateur pendant au moins 2 h – cette pâte peut être préparée 24 h à l'avance.

Préchauffez le four à 160 °C (th. 5-6). Préparez la ganache en coupant le chocolat en morceaux. Portez la crème à ébullition, ajoutez-y le chocolat, puis incorporez le beurre. Mélangez et mettez au réfrigérateur.

Divisez la pâte en deux et façonnez 2 boules. Étalez-les en 2 disques de la taille de votre moule à manqué – mais attention, pas plus de 26 cm de diamètre – entre deux feuilles de papier cuisson. Beurrez le moule et garnissez-le d'une abaisse de pâte. Étalez dessus la ganache sans aller jusqu'aux bords. Recouvrez avec l'autre disque et soudez les bords. Enfournez et laissez cuire 40 min.
Servez tiède ou froid.

REPOS : 2 H MINIMUM

PRÉPARATION : 20 MIN CUISSON : 25 MIN REPOS : 8 H

glace au miel et au pain d'épices

POUR 6 PERSONNES

50 cl de lait entier
150 g de miel toutes fleurs ou d'acacia
50 g de miel de châtaignier
4 jaunes d'œufs
250 g de crème fraîche épaisse
60 g de pain d'épices

Dans une casserole, portez le lait à ébullition avec les miels, mélangez et retirez du feu.

Pendant ce temps, dans un grand saladier, fouettez vivement les jaunes d'œufs avec la crème. Tout en continuant de fouetter, ajoutez le lait bouillant. Reversez dans la casserole et, sur feu doux, faites épaissir légèrement en mélangeant sans cesse. Versez dans un plat large à fond plat, type plat à gratin, et laissez refroidir avant de mettre au congélateur pour 4 h environ.

Préchauffez le four à 160 °C (th. 5-6). Découpez le pain d'épices en petits dés de 1 cm de côté environ. Disposez-les sur une plaque et enfournez. Laissez dorer 15 min en retournant les dés de temps en temps. Laissez refroidir complètement.

Sortez la glace du congélateur. Elle doit être à peine glacée sur les bords du plat. Mélangez-la au fouet afin de faire disparaître les cristaux, puis remettez-la au congélateur pour 4 h.

Ajoutez ensuite les croûtons de pain d'épices, mélangez et remettez au congélateur jusqu'au moment de servir.

« Le bonheur est la seule chose
qui se double si on le partage. »

ALBERT SCHWEITZER

le kouign-amann au blé noir de Luc Cesvet

150 g de farine de blé T65 bio
50 g de farine de sarrasin
3 g de levure fraîche de boulanger
4 g de sel
200 g de beurre demi-sel
180 g de sucre + 1 poignée

CONSEIL

La farine de sarrasin française est difficile à trouver. Je vous recommande de commander celle du moulin de Keriolet, écrasée à la meule. Achetez aussi leur farine de blé, très riche en germes et en nutriments.

POUR 6 PERSONNES PRÉPARATION : 40 MIN CUISSON : 40 MIN

Luc est boulanger à Audierne, sa recette est un concentré de Bretagne. Le blé noir donne une note noisetée à ce dessert au comble de la gourmandise. N'y résistez pas !

Préparez la pâte à pain : diluez la levure dans 10 cl d'eau à température ambiante.
Dans la cuve d'un batteur ou à la main, mélangez les farines, l'eau et la levure, puis commencez à pétrir à vitesse lente ou doucement. Une fois la pâte formée, ajoutez le sel. Pétrissez 5 min ou jusqu'à ce que la pâte ne colle plus à vos mains. Laissez pousser 1 h 30 dans la cuve couverte d'un torchon, à température ambiante.

Sortez le beurre du réfrigérateur. Préchauffez le four à 180 °C (th. 6), chaleur sole et voûte. Tapez votre beurre pour en faire un carré de 20 cm de côtés environ. Déposez la pâte à pain sur votre plan de travail et étalez-la à l'aide d'un rouleau à pâtisserie en un disque d'environ 30 cm de diamètre. Déposez le beurre au centre, versez le sucre sur le beurre et rabattez les quatre côtés de la pâte pour recouvrir le tout.
Étalez au rouleau pour former un rectangle et repliez de nouveau les extrémités sur le centre. Repliez encore une fois la pâte sur elle-même. Tournez la pâte d'un quart de tour et étalez-la sur un diamètre de 25 cm environ.

Retournez la pâte et déposez-la au centre d'un moule de 20 cm de diamètre garni de papier cuisson en rabattant les bords vers l'intérieur. Saupoudrez de la poignée de sucre. Enfournez sur une grille dans le bas du four et laissez cuire 40 min. Laissez refroidir complètement avant de servir. Accompagnez de jus de pomme ou d'une bolée de cidre.

REPOS : 1 H 30

crumble de prunes (de mon jardin) aux noix

GARNITURE

1,4 kg	de prunes bien mûres
60 g	de cassonade

PÂTE

100 g	de cassonade + 1 c. à s.
100 g	de beurre demi-sel
110 g	de farine
40 g	de farine complète
50 g	de poudre d'amande
50 g	de cerneaux de noix
1 c. à c.	de cannelle en poudre (facultatif)

Préchauffez le four à 200 °C (th. 7). Lavez, séchez et dénoyautez les prunes et mélangez-les à la cassonade. Beurrez un moule carré et étalez-y les prunes, en tassant bien.

Coupez le beurre légèrement mou en morceaux. Mélangez du bout des doigts la cassonade, le beurre, les farines et la poudre d'amande pour obtenir une pâte à la texture sableuse. Ajoutez les noix coupées en deux.

Répartissez la pâte en créant de gros grumeaux (c'est meilleur !) sur la surface des prunes. Saupoudrez de la c. à s. de cassonade. Enfournez à mi-hauteur pour 40 min. Mangez tiède avec une boule de glace vanille.

CONSEIL

Vous pouvez remplacer une partie des prunes par des pêches, brugnons ou autres fruits de saison.

POUR 6 À 8 PERSONNES | PRÉPARATION : 15 MIN | CUISSON : 40 MIN

la galette charentaise de Michèle

Sorte de grand sablé tendre et parfumé, c'est là l'un de mes desserts favoris. Mes racines charentaises y sont sans doute pour quelque chose. Lancez-vous, la recette de Michèle est inratable !

50 g d'angélique confite (facultatif)
300 g de farine
220 g de sucre
1 sachet de levure chimique
2 sachets de sucre vanillé
120 g de beurre mou
2 œufs
1 bonne c. à s. de lait
1 pincée de fleur de sel

Préchauffez le four ventilé à 230 °C (th. 8) ou 250 °C (th. 8-9) pour une chaleur statique.

Coupez l'angélique confite en petits dés.

Dans un saladier, mettez la farine, le sucre, la levure, le sucre vanillé, le beurre mou, le sel et les œufs. Mélangez le tout à la main. Quand la pâte commence à se former, ajoutez l'angélique, puis travaillez-la pour qu'elle soit bien homogène.

Beurrez un moule à tarte et étalez la pâte en trempant régulièrement vos doigts dans la farine. Badigeonnez-la de lait à l'aide d'un pinceau à pâtisserie afin qu'elle puisse dorer, et décorez en dessinant des croisillons avec une fourchette.

Enfournez et laissez cuire 10 min. Démoulez dès la sortie du four pour éviter que le gâteau ne colle. Servez-le froid, en parts.

CONSEIL

Attention à ne pas mettre la levure en contact direct avec les œufs avant de malaxer, car elle commencerait à fermenter.
Remplacez l'angéline par le fruit confit de votre choix.

POUR 2 GÂTEAUX (16 PARTS) — CUISSON : 10 MIN — PRÉPARATION : 15 MIN

feuilleté aux pommes des cyclades

800 g	de pommes (j'utilise la variété ariane, ferme et fruitée)
Le jus de 1/2	citron
60 g	de raisins secs
20 g	de noix de coco râpée
60 g	de noix
55 g	de chapelure
100 g	de beurre
5 cl	d'huile d'olive
250 g	de pâte filo (10 feuilles)
80 g	de sucre roux
	Sucre glace

CONSEIL

J'ajoute le sucre aux pommes le plus tard possible avant la cuisson car sinon il fait sortir leur jus qui détremperait la pâte.
Si vos pommes rendent trop de jus (cela dépend de leur variété), pressez-les légèrement entre vos mains avant de les disposer sur la pâte filo.

POUR 6 À 8 PERSONNES — PRÉPARATION : 25 MIN — CUISSON : 50 MIN

Préchauffez le four à 180 °C (th. 6). Râpez les pommes à la grosse grille et arrosez-les de jus de citron. Placez-les dans un saladier, ajoutez les raisins secs, la noix de coco, les noix, la chapelure et 25 g de beurre fondu. Mélangez et réservez.

Faites fondre 50 g de beurre et ajoutez l'huile d'olive. Étalez les feuilles de pâte filo deux par deux et enduisez le dessus du mélange beurre-huile au pinceau ou à la main. Retournez les deux feuilles en même temps pour que la matière grasse soit du côté extérieur.

Ajoutez le sucre aux pommes et mélangez. Beurrez et huilez un moule à tarte de 25 cm de diamètre. Déposez le mélange aux pommes en bande sur le bas des feuilles filo. Roulez les feuilles sur les pommes pour former de longs cigares. Disposez-les le long des parois du moule à tarte en formant un serpentin. Arrosez la tourte avec le reste de matière grasse. Enfournez pour 50 min.

Laissez refroidir, puis servez saupoudré de sucre glace.

clafoutis aux fraises et romarin

500 g	de fraises
40 g	de beurre + 10 g pour le moule
50 g	de farine
50 g	de sucre
2	œufs
22 cl	de lait entier
3	petits brins de romarin
1	sachet de sucre vanillé

Préchauffez le four à 170 °C (th. 6). Lavez et séchez les fraises, puis équeutez-les. Faites fondre le beurre et laissez-le tiédir.

Dans un saladier, mélangez au fouet la farine, le sucre, les œufs un par un, puis le beurre et enfin le lait.

Beurrez un moule pouvant contenir toutes les fraises sans qu'elles ne se superposent (environ 25 x 15 cm). Répartissez-les dans le moule et versez la préparation. Enfoncez les brins de romarin et enfournez. Laissez cuire 40 min.

10 min avant la fin de la cuisson, saupoudrez de sucre vanillé. Laissez refroidir et servez de préférence frais.

CONSEIL

Pour un effet visuel plus surprenant, n'équeutez pas les fraises.

POUR 6 PERSONNES — PRÉPARATION : 10 MIN — CUISSON : 40 MIN

flan parisien inspiré de Jacques Génin

POUR 10 PERSONNES PRÉPARATION : 25 MIN CUISSON : 55 MIN

Épouse d'un dingue de flan, j'ai testé toutes les recettes trouvées sur ma route, et c'est à celle-ci que vama préférence. Le flan relève d'une magique alchimie de produits et surtout de textures. Ici, l'équilibre est parfait.

PÂTE BRISÉE

250 g	de farine
4 g	de sel
7 g	de sucre
180 g	de beurre
1	jaune d'œuf
50 g	de lait

CRÈME

80 cl	de lait demi-écrémé
20 cl	de crème liquide
2	gousses de vanille ou 1 grosse c. à s. de vanille liquide
6	jaunes d'œufs
80 g	de Maïzena®
180 g	de sucre

Préparez la pâte : dans un robot, mixez ensemble la farine, le sel et le sucre. Ajoutez ensuite le beurre froid coupé en petits dés et le jaune d'œuf. Mixez pendant 20 s pour mélanger. Ajoutez le lait froid et mixez rapidement jusqu'à l'obtention d'une pâte grossière.

Formez une boule et mettez au réfrigérateur pour 1 h.

Préchauffez le four à 180 °C (th. 6) en fonction chaleur statique.
Préparez la crème : portez à ébullition le lait et la crème entière. Mettez les graines de la gousse de vanille dans un saladier, ajoutez les jaunes d'œufs, la Maïzena® et le sucre. Fouettez énergiquement. Versez le lait crémé bouillant sur le mélange sans cesser de fouetter, puis reversez dans la casserole. Faites épaissir très légèrement pendant 2 min tout en fouettant. Reversez dans le saladier pour laisser refroidir.

Étalez la pâte et foncez un moule à manqué à fond amovible de 25 cm de diamètre beurré et fariné.

Versez la crème sur le fond de tarte et enfournez. Faites cuire 50 min. Savourez frais mais pas froid.

CONSEIL

Ne mixez pas trop longtemps la pâte, pour éviter qu'elle ne durcisse à la cuisson. Si le fond de tarte n'est pas assez cuit, posez le moule 5 min sur la sole du four à la fin de la cuisson.

REPOS : 1 H

ma bûche pralinée

80 g de biscuits feuilletés type Gavottes®
250 g de praliné, disponible chez les pâtissiers (ou Nutella® fondu)
40 cl de crème liquide
200 g de sucre roux
200 g de noisettes pelées grillées
40 g de petites meringues à la vanille
150 g de chocolat noir
1 c. à s. d'huile
Sucre glace

CONSEIL

Si vous ne trouvez pas de noisettes déjà pelées, faites-les cuire au four à 180 °C (th. 6), pendant 10 min, en les retournant de temps en temps, puis frottez-les dans un torchon. Attention, ce parfait décongèle vite, alors ne tardez pas à le servir.

POUR 8 PERSONNES PRÉPARATION : 30 MIN CUISSON : 15 MIN

La veille, brisez les biscuits et mélangez-les avec 100 g de praliné. Étalez cette préparation dans le fond d'un grand moule à cake (ou d'un moule à bûche si vous en possédez un), tapissé de film alimentaire. Placez au réfrigérateur. Versez 25 cl de crème liquide dans un grand saladier et placez-le 15 min au congélateur.

Préparez un caramel dans une poêle antiadhésive en faisant fondre le sucre. Ajoutez les noisettes sur feu moyen. Laissez caraméliser en mélangeant régulièrement, jusqu'à ce qu'elles soient bien enrobées de caramel. Déroulez une longue feuille de papier cuisson et étalez dessus les noisettes en une longue bande. Laissez durcir. Cassez la bande en deux dans la longueur. Concassez grossièrement une de ces deux moitiés dans un robot, par à-coups, ne la transformez surtout pas en poudre.

Cassez en gros éclats les meringues. Sortez la crème du congélateur et fouettez-la jusqu'à obtenir une chantilly. Incorporez le reste du praliné à la chantilly, puis ajoutez les noisettes caramélisées concassées et les éclats de meringue. Versez le mélange sur les gavottes, tapez le moule sur le plan de travail et lissez la surface. Laissez prendre au congélateur pendant 24 h.

Le jour même, avant de sortir la bûche, hachez le chocolat. Faites chauffer la crème restante, ajoutez le chocolat, puis l'huile. Démoulez la bûche, déposez-la sur une grille et recouvrez-la de glaçage. Déposez sur le dessus la bande de noisettes caramélisées et décorez d'éclats de meringue. Saupoudrez d'un voile de sucre glace.

REPOS : 24 H

CONGÉLATION : 15 MIN

mousse aux spéculos, tuiles au grué

POUR 4 PERSONNES

MOUSSE AUX SPÉCULOS

250 g de spéculos
3 c. à s. d'amaretto
3 œufs
3 c. à s. de vergeoise
250 g de mascarpone
40 g de chocolat noir à 70 % de cacao

TUILES AU GRUÉ

50 g de blancs d'œufs
25 g de sucre glace
20 g de farine
25 g de sucre
15 g de café expresso
2 g de cacao en poudre
17 g de beurre
5 g de grué de cacao

PRÉPARATION : 20 MIN CUISSON : 25 MIN RÉFRIGÉRATION : 4

Mélangez l'amaretto et 2 c. à s. d'eau, imbibez-en lentement 80 g de spéculos, puis disposez-les dans le fond de quatre verres ou ramequins.

Fouettez les jaunes d'œufs avec le sucre vergeoise et le mascarpone. Mixez finement les spéculos restants et incorporez-les à la préparation. Fouettez les blancs d'œufs en neige et ajoutez-les à la préparation. Répartissez la mousse sur la base des biscuits et mettez au réfrigérateur pour au moins 4 h.

Préparez les tuiles : mélangez les blancs d'œufs, le sucre glace, la farine, le sucre, le café et le cacao en poudre. Faites fondre le beurre jusqu'à ce qu'il soit noisette. Versez-le sur la préparation, mélangez, puis réservez.

Préchauffez le four à 180 °C (th. 6) en fonction chaleur ventilée. Étalez très finement la pâte sur une plaque antiadhésive. Saupoudrez de grué de cacao et enfournez pour 4-5 min. Décollez les tuiles dès la sortie du four.

Une fois la pâte à tuiles refroidie, cassez-la en gros éclats, puis plantez-les dans les mousses. Hachez au couteau le chocolat noir et répartissez-le sur les mousses.

CONSEIL

Surveillez avec attention la cuisson des tuiles, qui ne doivent pas être trop cuites, leur saveur aurait un goût de chocolat brûlé. Le temps de cuisson dépend de leur épaisseur.

parfait glacé croustillant à la banane

2	bananes bien mûres
30 cl	de crème liquide
50 g	de vergeoise
1	étoile de badiane
1	grain de poivre de Jamaïque
1	clou de girofle
1	sachet de sucre vanillé
3	blancs d'œufs
120 g	de spéculos

GLAÇAGE

100 g	de chocolat noir
15 cl	de crème liquide
1 c. à s.	d'huile neutre

Versez la crème dans un saladier et placez-le au réfrigérateur pour au moins 1 h. Mixez ensemble la vergeoise et les épices.

Épluchez les bananes et écrasez-les avec une fourchette. Mettez la chair écrasée dans un saladier et ajoutez-y la vergeoise aux épices et le sucre vanillé. Montez les blancs d'œufs en neige et incorporez-les à la purée de banane. À l'aide d'un batteur électrique, fouettez la crème liquide bien froide jusqu'à obtenir une chantilly. Ajoutez-la également au mélange.

Tapissez un moule à cake de film alimentaire, versez la moitié de la préparation, couvrez d'une couche de spéculos bien alignés, recouvrez du reste de préparation et terminez par une seconde couche de spéculos. Placez au congélateur pour au moins 4 h. Avant de démouler, placez au réfrigérateur pour 30 min.

GLAÇAGE

Hachez le chocolat et faites-le fondre au bain-marie. Ajoutez la crème liquide et laissez tiédir en mélangeant. Fouettez légèrement, puis ajoutez l'huile. Versez le mélange sur le parfait démoulé sans chercher à le recouvrir complètement. Servez en tranches.

POUR 8 PERSONNES — PRÉPARATION : 20 MIN — REPOS : 5 H 30

le pastis d'Annie

POUR 8 PERSONNES
3 PASTIS CHACUNE

C'est un peu la brioche des Landais. Mais avec une texture et une saveur qui ne ressemblent à aucune autre brioche. À tester d'urgence après s'être relevé les manches car le battage se fait à la main !

40 g	de levure de boulanger ou 15g de levure sèche
1 kg	de farine
300 g	de beurre + 40g pour les moules
12	œufs
300 g	de sucre
3 cl	d'extrait de vanille ou 4 gousses grattées
4	sachets de sucre vanillé
15 cl	de rhum
1	grosse pincée de sel

CONSEIL

Annie recommande de verser de l'eau sur la plaque du four s'il fonctionne au gaz, car il a tendance à dessécher un peu les aliments.
Pour la « pousse », je place levain et pâte dans le four éteint pour que la température soit constante et éviter les courants d'air.
Dès qu'elle est un peu rassie, cette brioche est délicieuse toastée et légèrement beurré.

Préparez le levain : émiettez la levure dans un saladier, ajoutez 100 g de farine, puis 15 cl d'eau tiède.
Mélangez énergiquement et laissez pousser pendant 30 min minimum, idéalement 1 h, sous un linge, dans un endroit tiède.

Faites fondre le beurre. Dans un grand récipient creux, cassez 6 œufs. Ajoutez 6 jaunes et réservez les blancs. Incorporez le sucre, la vanille, le sucre vanillé et le sel, puis brassez avec la main ou au fouet. Ajoutez le beurre fondu et le rhum, puis, progressivement, 700 g de farine. Incorporez le levain et mélangez bien pour que la pâte soit homogène. Ajoutez le reste de la farine.

Montez les blancs d'œufs en neige, intégrez-les en soulevant la pâte, puis battez-la 3-4 min à la main (!) ou à l'aide d'une grande maryse, en la frappant et en la soulevant à la fois, jusqu'à ce qu'elle soit lisse et souple. Couvrez d'un linge et laissez pousser penadnt 1 h 30 minimum. La pâte doit avoir doublé de volume.

Préchauffez le four à 150 °C (th. 5) en chaleur tournante. Foncez de papier cuisson beurré trois moules à charlotte cannelés ou lisses. Versez la pâte aux deux tiers de leur hauteur. Saupoudrez la surface de sucre et enfournez pour 45 min à 1 h. Testez la cuisson en plantant la lame d'un couteau. Si elle ressort sèche, c'est cuit ! Savourez tiède, accompagné de crème anglaise.

PRÉPARATION : 20 MIN — CUISSON : 45 MIN — REPOS : 2 H

soufflé aux pommes tendres et raisins secs

5	pommes canadas moyennes
3	bâtons de cannelle
50 g	de beurre
100 g	de cassonade

PÂTE À SOUFFLÉ

1	gousse de vanille
50 cl	de lait demi-écrémé
70 g	de raisins secs
70 g	de semoule moyenne
90 g	de sucre
4	œufs
1	pincée de sel
	Cassonade
	Sucre glace
	Sirop d'érable

Préchauffez le four à 170 °C (th. 6). Fendez les bâtons de cannelle en deux. Lavez et séchez les pommes, puis évidez-les sans les éplucher. Faites fondre le beurre, enduisez-en les pommes au pinceau, puis roulez-les dans la cassonade. Déposez-les dans un plat allant au four, glissez un demi-bâton de cannelle au cœur de chaque pomme. Enfournez pour 25 min, les pommes doivent être cuites mais encore se tenir.

Pendant ce temps, préparez l'appareil à soufflé : coupez la gousse de vanille en deux dans la longueur et grattez les graines. Portez le lait à frémissement avec la vanille. Ajoutez les raisins secs, la semoule et 60 g de sucre, puis mélangez sur le feu pendant 3-4 min, jusqu'à ce que la préparation épaississe. Versez dans un saladier et laissez tiédir.

Séparez les blancs des jaunes d'œufs. Montez les blancs avec la pincée de sel. Quand ils sont bien montés, incorporez 20 g de sucre à l'aide d'une spatule. Ajoutez les jaunes d'œufs au mélange à la semoule en mélangeant vivement, puis incorporez progressivement les blancs en neige.

Beurrez et sucrez une cocotte vernissée à bords hauts de 24 cm de diamètre environ. Versez-y la préparation, enfoncez les pommes, en conservant les bâtons de cannelle en leur centre et versez le jus de cuisson dessus. Saupoudrez de cassonade et enfournez pour 25 min. Servez tiède ou froid, saupoudré de sucre glace et arrosé de sirop d'érable.

CONSEIL

Vous pouvez remplacer les bâtons de cannelle par des feuilles de laurier.

POUR 6 PERSONNES — PRÉPARATION : 25 MIN — CUISSON : 55 MIN

scones aux raisins et cranberries

550 g	de farine
1/2 c. à c.	de sel
12 g	de bicarbonate de soude
1/2 c. à c.	de mélange d'épices (noix de muscade, clou de girofle, gingembre et cannelle) ou de 4 épices
60 g	de sucre
100 g	de beurre mou
3	œufs
17 cl	de lait fermenté (lait ribot ou kéfir) ou demi-écrémé
60 g	de raisins blonds
60 g	de cranberries
2	jaunes d'œufs
1 c. à s.	de lait
	Farine

CONSEIL

Vous pouvez aussi remplacer le mélange d'épices par de la cannelle.

POUR 12 SCONES

PRÉPARATION : 10 MIN

Préchauffez le four à 180 °C (th. 6).

Dans un saladier, tamisez la farine, ajoutez le sel, le bicarbonate, les épices, le sucre et le beurre mou. Mélangez rapidement avec les mains. Creusez un puits et versez-y les œufs battus et le lait. Mélangez à nouveau. Incorporez les raisins et les cranberries et laissez gonfler à température ambiante de 10 à 15 min.

Étalez la pâte sur une surface farinée sur une épaisseur de 1,5 à 2 cm. Formez les scones à l'aide d'un emporte-pièce de 10 cm de diamètre environ. Déposez-les sur une plaque à pâtisserie. Fouettez les jaunes d'œufs avec le lait et dorez le dessus des scones à l'aide d'un pinceau. Enfournez et laissez cuire 13 min.

REPOS : DE 10 À 15 MIN

CUISSON : 15 MIN

PRÉPARATION : 25 MIN　　CUISSON : 45 MIN　　REPOS : 1 NUIT

tartelettes à la rhubarbe et sorbet rhubarbe

POUR 6 PERSONNES

GARNITURE

700 g	de rhubarbe coupée en morceaux
250 g	de cassonade + 4 c. à s.
1	œuf
2 c. à s.	de Maïzena®
1/2	verre de crème fraîche ou 10 cl de crème liquide
20 cl	de lait
1	gousse de vanille

PÂTE SABLÉE

250 g	de farine T45
50 g	de Maïzena®
150 g	de beurre mou
120 g	de sucre
1	œuf
1	pincée de sel

La veille, lavez la rhubarbe et coupez les extrémités des tiges. Ne la pelez pas. Coupez-la ensuite en tronçons de 2 cm. Placez-les dans un plat creux, puis saupoudrez de 150 g de cassonade. Mélangez bien et laissez reposer 1 nuit.

Le jour même, récupérez le jus de la rhubarbe et versez-le dans un récipient évasé. Entreposez au congélateur pour 3 h. Mélangez ensuite avec une fourchette pour réaliser le sorbet. Conservez au congélateur.

Préparez la pâte : mélangez tous les ingrédients de la pâte rapidement au mixeur. Séparez-la en six parts et, avec vos doigts, répartissez cette pâte dans six moules à tartelette, en tapissant les parois. Mettez au réfrigérateur.

Préchauffez le four à 200 °C (th. 7). Couvrez les fonds de tarte de rhubarbe. Fouettez l'œuf avec la Maïzena®, ajoutez le reste de cassonade (100 g), la crème, le lait et les graines de la gousse de vanille.
Versez cette préparation sur la rhubarbe. Enfournez pour 45 min. Au bout de 10 min de cuisson, saupoudrez de 4 c. à s. de cassonade.

À la fin de la cuisson, démoulez et laissez refroidir sur une grille. Servez froid mais non réfrigéré, accompagné d'une boule de sorbet à la rhubarbe.

CONGÉLATION : 3 H

strudels d'abricots à la verveine

5	abricots mûrs
50 g	de beurre
15 g	de cassonade
15 g	de poudre d'amande
1	œuf battu
1 c. à s.	de miel liquide
7	feuilles de verveine
6	abricots secs
3	feuilles de pâte filo
7 cl	de crème liquide
	Sucre glace
	Amandes effilées

CONSEIL

Vous pouvez remplacer la verveine par du basilic ou de la vanille. Je vous conseille de procéder très rapidement car la garniture détrempe très vite la pâte, qui se déchire.
Pour une présentation encore plus soignée, roulez le strudel en boudin, tournez-le pour former un anneau et servez avec la chantilly au centre. Vous pouvez parfumer votre crème d'amande d'un trait de rhum ou d'essence d'amande amère.

POUR 2 PERSONNES PRÉPARATION 15 MIN

Préparez la crème d'amande : mixez ensemble 15 g de beurre froid, la cassonade et la poudre d'amande. Ajoutez l'œuf et mixez à nouveau. Placez au frais.

Lavez les abricots frais et coupez-les en deux. Ouvrez les noyaux pour en récupérer les amandes, coupez celles-ci en deux et réservez-les.

Mettez les abricots dans une sauteuse, arrosez-les de miel et ajoutez les feuilles de verveine. Portez à frémissement et faites cuire pendant 5 min à feu doux. Retirez du feu, laissez refroidir et enlevez la verveine.

Préchauffez le four à 180 °C (th. 6). Faites fondre le reste du beurre. Coupez les abricots secs en deux. Beurrez deux ramequins.

Déroulez la pâte filo, pliez 1 feuille en quatre et coupez-la au niveau des pliures. Vous devez obtenir 4 petits carrés. Badigeonnez 1 grande feuille de pâte filo de beurre et saupoudrez-la de sucre glace. Retournez-la et déposez 2 petits carrés de pâte au centre, la moitié de la crème d'amande et 6 moitiés d'abricots secs. Déposez 5 demi-abricots égouttés (conservez leur jus de cuisson) et les amandes des noyaux. Tenez les extrémités de la feuille entre deux doigts et tournez délicatement pour fermer et former une fleur. Attention à ne pas trop écraser les feuilles, ainsi elles cuiront mieux.

Déposez le strudel dans un ramequin beurré, saupoudrez d'un voile de sucre glace et d'amandes effilées. Recommencez une deuxième fois, puis enfournez pour 20 min.

Pendant ce temps, mettez la crème liquide dans un saladier et, à l'aide d'un batteur, montez-la en chantilly. Ajoutez un peu de jus de cuisson des abricots et mélangez. Servez les strudels tièdes (surtout pas chauds), saupoudrés de sucre glace et accompagnés de chantilly.

CUISSON 25 MIN

swiss roll à la crème citronnée

GÉNOISE

125 g	de sucre
1 c. à s.	de vanille liquide
2	œufs + 3 jaunes
60 g	de farine
60 g	de Maïzena®
1	pincée de sel

CRÈME PÂTISSIÈRE

50 cl	de lait
100 g	de sucre
1	gousse de vanille
4	jaunes d'œufs
40 g	de Maïzena®
20 g	de farine
2 c. à s.	de lemon curd
	Sucre glace

CONSEIL

Ne laissez pas sécher la génoise car elle serait difficile à rouler.

POUR 8 PERSONNES PRÉPARATION : 20 MIN CUISSON : 15 MIN

Préchauffez le four à 240 °C (th. 8) sans ventilation. Préparez la génoise : dans un saladier, mélangez le sucre, le sel, la vanille, les œufs et les jaunes d'œufs.

Placez sur un bain-marie et fouettez 3 min pour que le mélange tiédisse et atteigne 40 °C. Cette étape permet de faire fondre le sucre et de précuire les œufs. Continuez de fouetter hors du feu au fouet électrique jusqu'à ce que le mélange soit bien aéré, mousseux, et qu'il soit refroidi. Incorporez alors la farine et la Maïzena® tamisées en soulevant la préparation avec une écumoire.

Étalez la préparation sur une plaque à pâtisserie recouverte de papier cuisson. Enfournez pour 5 à 7 min. Le biscuit doit être légèrement blond sur le dessus.

Pendant ce temps, préparez la crème : dans une casserole, portez à ébullition le lait avec le sucre et les graines de la gousse de vanille. Fouettez les jaunes d'œufs dans un saladier, ajoutez la Maïzena® et la farine, puis mélangez. Versez-y le lait sans cesser de mélanger. Transvasez de nouveau dans la casserole et fouettez énergiquement pendant 5 min, jusqu'à ce que la préparation ait épaissi. Ajoutez le lemon curd. Étalez sur un grand plat pour faire refroidir cette crème et filmez « au contact », c'est-à-dire sans laisser d'air entre le film alimentaire et la préparation.

Lorsque la crème est refroidie, retournez la génoise sur une feuille de papier cuisson. Décollez le papier ayant servi pour la cuisson et étalez la crème sur la génoise. Roulez le biscuit en vous aidant du papier et en serrant légèrement à chaque tour. Tartinez de crème les extrémités, saupoudrez de sucre glace et servez ou mettez au réfrigérateur.

big cookies aux trois chocolats

60 g	de chocolat noir amer
60 g	de chocolat au lait
60 g	de chocolat blanc
130 g	de beurre
140 g	de vergeoise
1	gros œuf
1 c. à c. rase	d'extrait de vanille
180 g	de farine
1 c. à c.	de levure chimique
1	pincée de sel

CONSEIL

Pour une saveur encore plus corsée, remplacez la moitié de la farine par de la farine de blé complet.
Les cookies s'étalent sur 20 cm de diamètre environ. Mieux vaut les cuire un par un sur la plaque.

POUR 3 GRANDS COOKIES | PRÉPARATION : 15 MIN | CUISSON : 15 MIN

Avec un couteau, coupez les chocolats en morceaux d'environ 2,5 g chacun. Sortez le beurre à l'avance ou faites-le ramollir au four à micro-ondes.
Dans un saladier, fouettez la vergeoise avec l'œuf, puis ajoutez le beurre ramolli, la vanille et le sel. Saupoudrez la farine et la levure sur la préparation et mélangez. Incorporez enfin le chocolat coupé. Formez une boule de pâte, emballez-la dans du film alimentaire, puis placez-la au réfrigérateur pour 30 min.

Préchauffez le four à 170 °C (th. 6) après en avoir retiré la plaque.

Séparez la pâte en 3 boules et étalez-les en disques de 15 cm de diamètre environ. Déposez les cookies sur la plaque à pâtisserie. Enfournez et laissez cuire 15 min environ (de 10 à 12 min pour de plus petits cookies).
Sortez du four, laissez tiédir et posez-les sur une grille. Mangez-les tels quels ou avec de la glace.

RÉFRIGÉRATION : 30 MIN

POUR 10 PERSONNES PRÉPARATION : 25 MIN CUISSON : 2 H

tarte aux pignons de Josy

2 disques de pâte feuilletée

CRÈME PÂTISSIÈRE

4 jaunes d'œufs
100 g de sucre
80 g de farine
50 cl de lait
150 g de poudre d'amande
7 amandes amères
ou 4 c. à c. d'essence d'amande amère

MERINGUE

4 blancs d'œufs (120 g)
100 g de sucre
30 g de pignons de pin
Sucre glace

Préchauffez le four à 180 °C (th. 6). Piquez les disques de pâte de toutes parts, déposez-les sur une plaque recouverte de papier cuisson et enfournez-les pour 15 à 20 min. Écrasez-les légèrement au milieu de la cuisson.

Pendant ce temps, préparez la crème : fouettez les jaunes d'œufs avec le sucre jusqu'à ce qu'ils blanchissent, puis ajoutez la farine. Portez le lait à la limite de l'ébullition, puis versez-le progressivement sur le mélange tout en continuant à fouetter.

Remettez sur le feu et laissez épaissir à feu doux en mélangeant (afin que la farine cuise). Quand la crème est prise sans être trop ferme, stoppez la cuisson et ajoutez la poudre d'amande et les amandes amères ou l'essence d'amande amère.

Déposez l'un des disques de pâte feuilletée sur un plat, côté plat vers le bas, et étalez la crème dessus, presque jusqu'au bord. Déposez l'autre disque, côté plat vers le haut.

Préchauffez le four à 80 °C (th. 2-3).
Montez les blancs d'œufs en neige, puis ajoutez le sucre en soulevant les blancs avec une spatule. Fouettez à vitesse lente encore 1 min, puis étalez cette meringue sur la tarte, à l'aide d'une poche à douille si vous le souhaitez. Parsemez de pignons de pin et enfournez pour 1 h 30. Laissez refroidir, saupoudrez de sucre glace et servez en parts.

tarte feuilletée aux figues

1 kg	de figues mûres mais fermes
1 bloc	de 400 g de feuilletage (acheté chez le pâtissier ou surgelé)
60 g	de sucre
100 g	de crème fraîche épaisse

POUR 8 PERSONNES

PRÉPARATION : 10 MIN

Préchauffez le four à 210 °C (th. 7). Recouvrez une plaque à pâtisserie de papier cuisson. Étalez le feuilletage en un rectangle de la taille de la plaque et déposez-le dessus. Relevez bien les bords en les pinçant, puis piquez légèrement la pâte avec une fourchette. Entreposez au réfrigérateur.

Lavez et séchez les figues, coupez-les en quatre. Déposez-les sur le fond de tarte, bien serrées. Mélangez le sucre avec la crème fraîche et étalez le tout sur le pâte. Enfournez pour 45 min. La pâte doit être bien cuite.

Retirez la tarte de la plaque et laissez tiédir avant de découper en rectangles. Servez-les seuls ou accompagnés d'une boule de glace à la cannelle ou à la vanille.

CONSEIL

Si la pâte gonfle au cours de la cuisson, piquez-la à la fourchette.

CUISSON : 45 MIN

une feuille aux fraises

PRÉPARATION : 25 MIN CUISSON : 40 MIN RÉFRIGÉRATION : 1 H 15

Partie de l'idée d'un millefeuille aux fraises, j'ai peu à peu dérivé jusqu'à cette unique feuille, caramélisée comme les abaisses de pâte d'un millefeuille et garnie d'une crème pâtissière allégée de crème fouettée. N'hésitez pas à adapter cette recette aux fruits de saison : poires, figues, pêches, etc. !

POUR 10 PERSONNES

400 g de bonne pâte feuilletée
1 kg de fraises
50 g de sucre
15 cl de crème liquide
Sucre glace
Quelques petites feuilles de menthe

CRÈME PÂTISSIÈRE

25 cl de lait entier
1 gousse de vanille
75 g de sucre
5 g de farine
25 g de Maïzena®
4 jaunes d'œufs
30 g de beurre

CONSEIL

Cette tarte peut se conserver jusqu'à 2 h au réfrigérateur avant d'être servie.

Préparez la crème pâtissière : portez le lait à frémissement avec les graines et la gousse de vanille, couvrez et laissez infuser 15 min.
Retirez la gousse, ajoutez 25 g de sucre et portez de nouveau à frémissement.

Dans un saladier, fouettez la farine, la Maïzena®, le reste du sucre et les jaunes d'œufs. Versez le lait (filtré) petit à petit sans cesser de fouetter, reversez dans la casserole et mélangez jusqu'à ce que la préparation épaississe. Comptez 5 min de cuisson à partir de l'ébullition. Débarrassez dans une assiette et laissez refroidir.

Quand la crème atteint 50 °C, ajoutez le beurre en morceaux et mélangez. Filmez et mettez au réfrigérateur.

Préparez le feuilletage : abaissez la pâte en un rectangle de 40 x 30 cm, sur 3 mm d'épaisseur. Placez-la sur une plaque à pâtisserie. Piquez-la de coups de fourchette et placez au réfrigérateur pour au moins 1 h.
Préchauffez le four à 220 °C (th. 7-8).

Saupoudrez la pâte de sucre et enfournez-la bien froide. Laissez cuire 10 min, puis couvrez-la d'une grille ou d'une plaque légère (pour éviter qu'elle ne gonfle trop) et laissez cuire 10 min supplémentaires. Réservez.

Lavez, équetez et coupez les fraises en deux. Sortez la crème pâtissière du réfrigérateur. À l'aide d'un batteur électrique, fouettez la crème liquide en chantilly et incorporez-la à la crème pâtissière.
Étalez délicatement sur la pâte feuilletée. Décorez avec les fraises et les brins de menthe. Saupoudrez de sucre glace et servez en parts rectangulaires.

« Si vous n'êtes
pas capable d'un peu
de sorcellerie, ce n'est pas
la peine de vous mêler
de cuisine... »

COLETTE

trifle meringué aux fruits exotiques

POUR 4 PERSONNES

150 g de quatre-quarts (environ)
7 cl de jus de fruits exotiques
1 c. à s. de rhum
300 g de dés de fruits exotiques de votre choix : banane, mangue, ananas, fruit de la Passion, mangoustan…

MERINGUE ITALIENNE
150 g de sucre
6 cl d'eau
3-4 blancs d'œufs (100 g)
50 g de groseilles

CONSEIL

Ce dessert est très joli dans des petites cocottes en fonte individuelles ou dans un plat rond en terre cuite.

Coupez le quatre-quarts en tranches de 2 cm d'épaisseur environ. Disposez-les bien serrées dans le fond d'un plat résistant à la chaleur. Mélangez le jus de fruits avec le rhum et imbibez le quatre quart de ce mélange. Couvrez de dés de fruits et tassez. Réservez au réfrigérateur.

Préparez la meringue italienne : allumez le gril de votre four. Dans une petite casserole, faites bouillir le sucre avec l'eau jusqu'à ce que ce sirop atteigne 118 °C. Montez les blancs d'œufs en neige, versez le sirop bouillant dessus tout en continuant de fouetter à petite vitesse. Quand le sirop est bien mélangé, fouettez à grande vitesse pendant 5 min. Incorporez délicatement les groseilles. Étalez cette meringue sur les fruits et tracez des motifs avec les dents d'une fourchette si vous le souhaitez. Placez sous le gril pendant 2 min, retirez dès que la surface est bien dorée ; attention, la meringue brûle vite ! Réservez pendant 1 h minimum au réfrigérateur avant de servir.

PRÉPARATION : 20 MIN CUISSON : 10 MIN RÉFRIGÉRATION : 1 H

faux nougat glacé au chocolat et aux épices

POUR 12 PERSONNES

250 g	de chocolat noir amer (idéalement de 55 à 60% de cacao)
3	gousses de cardamome
3	clous de girofle
1/3 de c. à c.	de cannelle moulue
1 c. à s.	de rhum ambré
200 g	de crème fraîche épaisse
100 g	de figues sèches (mais moelleuses)
30 g	de gingembre confit
100 g	de noix de pécan
60 g	de pistaches non salées

CONSEIL

Vous pouvez ajouter quelques dés de cerises confites ou de cédrat, remplacer le gingembre par du zeste d'orange ou de citron, ou encore supprimer les fruits secs ou confits de votre choix. Pour obtenir une crème à la pistache ultra-rapide, faites fondre un peu de glace à la pistache !

Récupérez les graines des gousses de cardamome, mettez-les dans un mortier, ajoutez les clous de girofle et écrasez le tout très finement. Mélangez avec la cannelle.

Faites fondre le chocolat au bain-marie. Ajoutez le rhum, la crème fraîche, puis les épices. Huilez un moule à cake pas trop grand.

Coupez les figues et le gingembre en petits dés. Mélangez-les avec les noix de pécan et les pistaches. Incorporez les fruits secs à la crème au chocolat et mélangez rapidement.
Versez le mélange dans le moule, tapez le fond sur le plan de travail, lissez le dessus et mettez au congélateur pour au moins 3 h. Placez le « nougat » au réfrigérateur 30 min avant de servir. Découpez-le en tranches de 1 cm d'épaisseur environ. Accompagnez-le d'une crème anglaise ou d'une crème à la pistache.

PRÉPARATION : 20 MIN — CUISSON : 5 MIN — REPOS : 3 H

tartes financières framboises-pistaches

POUR 2 TARTES, SOIT 10 À 12 PERSONNES

PÂTE FINANCIÈRE

70 g de pistaches entières non salées
30 g d'amandes entières ou effilées
170 g de beurre
150 g de sucre glace
60 g de farine
5 ou 6 blancs d'œufs (170 g)
1 c. à s. rase de gelée de framboise

GARNITURE

500 g de framboises (fraîches ou surgelées)
2 c. à s. de gelée de framboise
60 g de pistaches concassées
Sucre glace

CONSEIL

Vous pouvez étaler une crème fouettée légèrement sucrée sur la pâte avant d'y placer les framboises. Arrosez éventuellement la tarte d'un coulis de framboise.

Préchauffez le four à 170 °C (th. 6). Disposez les pistaches et les amandes sur une plaque, puis enfournez pour les faire légèrement torréfier pendant que le four chauffe.

Faites fondre le beurre dans une casserole jusqu'à ce qu'il devienne noisette et qu'il cesse de chanter. Retirez du feu. Mixez finement les pistaches et les amandes torréfiées pour obtenir une poudre.

Dans un grand saladier, tamisez le sucre glace et la farine. Ajoutez les blancs d'œufs et fouettez énergiquement jusqu'à ce qu'il n'y ait plus de grumeaux. Incorporez le beurre noisette, mélangez, puis ajoutez la poudre d'amande et de pistache ainsi que la gelée de framboise. Mélangez intimement. Versez dans un moule à manqué beurré et sucré de 23 cm de diamètre environ et enfournez pour 30 min. Laissez refroidir.

Ouvrez le financier en deux dans l'épaisseur et étalez la gelée de framboise sur les deux surfaces intérieures. Couvrez de framboises, puis saupoudrez de pistaches concassées et de sucre glace. Servez frais mais pas froid.

PRÉPARATION : 20 MIN

CUISSON : 35 MIN

terrine de chocolat au pain d'épices

200 g	de chocolat noir à 55 % de cacao
100 à 150 g	de pain d'épices coupé en tranches de 1 cm d'épaisseur
100 g	de beurre
10 cl	de crème épaisse
1 c. à s.	de cacao en poudre + pour la déco
1	sachet de sucre vanillé
1	œuf
1 c. à s.	d'eau de fleur d'oranger (facultatif)

CONSEIL

Vous pouvez remplacer les tranches de pain d'épices par des spéculos ou des sablés traditionnels.

POUR 8 PERSONNES PRÉPARATION : 20 MIN RÉFRIGÉRATION : 12

La veille, faites fondre le chocolat au bain-marie ou dans le four à micro-ondes. Ajoutez le beurre coupé en morceaux, mélangez jusqu'à ce qu'il soit fondu, puis incorporez la crème. Saupoudrez de cacao amer et mélangez. Dans un bol, fouettez le sucre vanillé et l'œuf, puis incorporez-les à la préparation précédente.

Versez une fine couche de préparation au chocolat dans le fond d'une petite terrine et placez-la au réfrigérateur.

Dans une assiette creuse, versez 4 c. à s. d'eau et l'eau de fleur d'oranger. Passez rapidement les tranches de pain d'épices dans ce liquide et posez-les, sans les superposer, sur la couche de chocolat. Versez de nouveau la préparation au chocolat, puis couvrez délicatement, pour qu'elles ne s'enfoncent pas, d'une autre couche de tranches de pain d'épices. Terminez par une nouvelle couche de préparation au chocolat. Filmez et placez au réfrigérateur pour 12 h minimum.

Le jour même, démoulez et saupoudrez de cacao. Taillez cette terrine en tranches fines et déposez-les sur des assiettes. Servez avec une crème anglaise.

charlotte groseilles, mascarpone et calissons

25	biscuits à la cuillère
2	feuilles de gélatine
600 g	de groseilles
3 c. à s.	de gelée de groseille
80 g	de calissons + 5 mini-calissons pour la déco
350 g	de mascarpone
250 g	de fromage blanc brassé à 40 % de MG
40 g	de sucre glace

CONSEIL

Vous pouvez remplacer les calissons dans la crème par 30 g de sucre supplémentaires.

POUR 8 PERSONNES PRÉPARATION : 25 MIN CUISSON : 10 MIN

La veille, plongez les feuilles de gélatine dans l'eau froide. Égrappez 300 g de groseilles, placez-les dans une casserole et ajoutez la gelée. Couvrez et laissez cuire sur feu assez vif pendant 5 min en mélangeant régulièrement. Filtrez dans une passoire pour recueillir le jus tout en écrasant les fruits avec une cuillère. Réservez.

Trempez les deux tiers des biscuits dans ce jus. Garnissez-en les parois d'un moule à charlotte, en les serrant bien les uns contre les autres, côté bombé vers l'extérieur. Trempez 3 autres biscuits et réservez-les.

Coupez les calissons en dés.
Reversez le reste de jus de groseille dans la casserole et ajoutez les dés de calissons. Faites chauffer jusqu'à ce qu'ils soient ramollis, puis mixez. Remettez sur le feu, incorporez la gélatine égouttée, sans jamais laisser bouillir. Mélangez vivement et retirez du feu.

Égrappez 150 g de groseilles. Mélangez le mascarpone, le fromage blanc, le sucre glace, les groseilles et le jus tiédi. Versez la moitié de ce mélange dans le moule, couvrez avec les 3 biscuits imbibés, terminez avec le reste de crème, puis une couche de biscuits secs. Couvrez de film alimentaire, puis conservez au réfrigérateur jusqu'au lendemain.

Le jour même, avant de servir, démoulez la charlotte sur une assiette. Décorez des groseilles en grappes restantes et ajoutez les mini-calissons. Servez bien frais.

RÉFRIGÉRATION : 12 À 24 H

PRÉPARATION : 20 MIN CUISSON : 45 MIN RÉFRIGÉRATION : 1 H

tarte rustique aux fruits du jardin

POUR 6 PERSONNES

PÂTE

75 g	de farine complète
75 g	de farine blanche
45 g	de poudre d'amande
90 g	de sucre
120 g	de beurre demi-sel
1/2	œuf

GARNITURE

5	pêches ou autres fruits du jardin
500 g	de prunes ou d'abricots
3 c. à s.	de sucre roux
1	gousse de vanille

Préparez la pâte : mixez ensemble tous les ingrédients, jusqu'à ce qu'une boule se forme. Emballez-la dans du film alimentaire, puis laissez-la reposer 1 h au réfrigérateur.

Lavez bien les pêches et coupez-les en quatre si elles sont petites ou en huit si elles sont plus grosses.
Lavez également les prunes ou les abricots, coupez-les en deux et dénoyautez–les.

Préchauffez le four à 180 °C (th. 6). Étalez la pâte assez finement (sur 3 mm environ). Ne coupez pas les bords. Placez-la sur une feuille de papier cuisson posée sur une plaque. Disposez les fruits au centre de manière aléatoire, à 5 cm du bord.

Mélangez le sucre roux et les graines de la gousse de vanille, puis répartissez sur les fruits. Repliez la pâte sur eux et enfournez pour 45 min. Laissez refroidir avant de servir.

tarte streusel aux framboises

PÂTE SUCRÉE

90 g de beurre
170 g de farine
20 g de poudre d'amande
60 g de sucre glace
30 g d'œuf battu (les 2/3 de 1 œuf moyen)
2 bonnes pincées de sel

STREUSEL

90 g de beurre
90 g de farine
40 g de cassonade
1 bonne c. à c. de cannelle

GARNITURE

400 g de framboises
30 g de poudre d'amande
2 sachets de sucre vanillé
1 c. à s. de crème fraîche épaisse
Sucre glace

CONSEIL

J'étale la pâte à tarte, je le fais directement dans le moule, à la main, car elle est très friable. Pour réaliser une pâte comme celle du streusel, le beurre ne doit être ni trop froid ni trop mou.

6 PERSONNES — PRÉPARATION : 30 MIN — CUISSON : 45 MIN

Une de mes tartes favorites ! Toute simple pourtant, mais la pâte est merveilleusement croquante. Le streusel, sorte de crumble alsacien, réveille le palais et le petit goût de cannelle fait merveille avec les framboises, confites par la cuisson.

RÉFRIGÉRATION : 1 H 30

Préparez la pâte sucrée : coupez le beurre en petits dés, placez tous les ingrédients de la pâte dans le bol d'un mixeur et mixez jusqu'à l'obtention d'une boule grossière. Aplatissez-la légèrement, emballez-la dans du film alimentaire, puis laissez-la reposer au minimum 1 h au réfrigérateur.

Abaissez la pâte pour garnir un petit moule à tarte à fond amovible ou un cercle à pâtisserie de 22 cm de diamètre. Entreposez pendant au minimum 30 min au réfrigérateur.

Préchauffez le four à 180 °C (th. 6). Piquez la pâte sans la percer, puis découpez les bords pour qu'ils soient bien nets. Déposez une feuille de papier cuisson sur la pâte et couvrez de haricots secs. Faites cuire 18 min.

Pendant ce temps, préparez le streusel en sablant avec les doigts le beurre coupé en petits morceaux avec la farine, puis en ajoutant la cassonade et la cannelle. Formez des gros morceaux, comme pour un crumble.

Dans un bol, mélangez la poudre d'amande, le sucre vanillé et la crème. Répartissez ce mélange sur la pâte précuite, puis ajoutez les framboises, bien serrées les unes contre les autres. Couvrez de streusel et saupoudrez de sucre glace. Enfournez pour 25 min, puis laissez refroidir sur une grille. Servez frais mais pas trop froid. Saupoudrez de sucre glace avant de servir et accompagnez éventuellement de glace vanille.

merveilleuse marquise marrons-chocolat läckerli

POUR 8 PERSONNES
PRÉPARATION : 30 MIN
CUISSON : 10 MIN
REPOS : 1 NUIT + 15 MIN

GÂTEAU

200 g de chocolat noir à 70 % de cacao
200 g de crème de marron vanillée
20 cl de crème liquide
60 g de beurre
4 c. à s. d'eau de fleur d'oranger
5 cl de porto
1 bâton de cannelle
100 g de läckerlis (gâteaux allemands aux épices)

GLAÇAGE

2 c. à s. de porto
10 cl de crème liquide
50 g de chocolat noir à 70% de cacao
1 c. à s. d'huile neutre

CONSEIL

Les läckerlis sont des petits gâteaux à base d'amandes et de fruits confits originaires de Bâle en Allemagne. Ils peuvent être remplacés par du pain d'épices ou des boudoirs.

La veille, versez la crème liquide dans un saladier et placez-la au congélateur pendant 15 min. Tapissez un moule à cake ou un moule carré de 18 cm de côté environ de papier cuisson ou de film alimentaire.

Cassez le chocolat en morceaux et faites-le fondre au bain-marie ou au four à micro-ondes. Ajoutez le beurre à « mi-fonte », mélangez et faites fondre entièrement.

Dans un grand bol, mélangez vivement la crème de marron et 2 c. à s. d'eau de fleur d'oranger.

Versez le porto dans une petite casserole avec la cannelle et donnez un bouillon. Laissez refroidir. Ajoutez le reste d'eau de fleur d'oranger, puis retirez la cannelle. Plongez rapidement les läckerlis dans ce mélange. Émiettez-en 2 et réservez, ainsi que le mélange au porto.

À partir de là, il faut enchaîner rapidement les étapes pour éviter que la mousse que vous allez préparer ne masse : sortez la crème du congélateur et, à l'aide d'un batteur électrique, montez-la en chantilly. Incorporez-en une moitié au chocolat fondu, puis l'autre à la crème de marron. Réunissez les deux préparations. Ajoutez les läckerlis émiettés, puis versez la moitié de la préparation dans le moule. Enfoncez-y la moitié des läckerlis. Leur placement doit être irrégulier, mais tous doivent être bien horizontaux. Versez une autre couche de mousse, puis ajoutez les biscuits restants. Lissez, tassez et mettez au frais pour 1 nuit.

Le jour même, faites chauffer le porto dans une petite casserole avec la crème liquide. Juste avant l'ébullition, ajoutez le chocolat noir en éclats et mélangez afin de le faire fondre. Ajoutez l'huile, mélangez et laissez tiédir. Versez sur le gâteau bien froid, en lissant et en faisant retomber ce glaçage sur les côtés. Décorez de copeaux de chocolat. Servez sans attendre.

« On voyage pour changer,
non de lieu, mais d'idées. »

HIPPOLYTE TAINE

ÉVASION

CRÈME YUZU, PASSION
ET SABLÉS CROUSTILLANTS AUX ZESTES

CRÈME YUZU

- 80 G de jus de yuzu (3 à 4 yuzus)
- Le zeste de 2 gros yuzus
- 120 G de beurre
- 3 œufs + 3 jaunes
- 100 G de sucre

SABLÉS

- 160 G de farine
- 130 G de beurre demi-sel
- 60 G de sucre glace
- 40 G de Maïzena®
- Le zeste de 1,5 yuzus
- Quelques fruits rouges
- 2 gros fruits de la Passion (100 g de pulpe)

Préparez la crème yuzu : coupez le beurre en petits morceaux. Dans une casserole, rassemblez les œufs et les jaunes. Ajoutez le jus et le zeste de yuzu, le sucre, puis mettez sur feu moyen sans cesser de mélanger, jusqu'à ce que la crème épaississe. Hors du feu, ajoutez le beurre et mélangez jusqu'à ce qu'il soit fondu. Laissez reposer, puis mettez au réfrigérateur.

Préchauffez le four à 170 °C (th. 6). Préparez les sablés : mixez finement tous les ingrédients au mixeur, jusqu'à ce qu'une boule se forme. Étalez-la entre deux feuilles de papier cuisson.

Beurrez un moule rectangulaire à fond amovible et saupoudrez-le d'un mélange égal de sucre et de farine. Déposez la pâte sur le fond du moule, retaillez-la en triangles et enfournez. Laissez cuire 40 min.

Retaillez les parts dans le biscuit encore chaud, puis détachez-les quand elles sont froides. Dans le fond des assiettes, versez la crème, ajoutez quelques fruits rouges, la pulpe des fruits de la Passion et servez avec les sablés.

POUR 6 PERSONNES

PRÉPARATION : 20 MIN

CUISSON : 45 MIN

BANANA BREAD
AU PAVOT

Le meilleur cake que je connaisse, et le plus efficace pour se débarasser de bananes un peu trop mûres.

- 3 bananes bien mûres
- 125 G de beurre mou
- 150 G de vergeoise
- 2 œufs
- 3 C. À S. de graines de pavot
- 1 C. À S. de rhum
- 1 C. À C. de poivre de la Jamaïque fraîchement moulu
- 200 G de farine T65 ou de grand épeautre
- 1 C. À C. de levure chimique
- 1 PINCÉE de sel

Préchauffez le four à 180 °C (th. 6). Écrasez 2 bananes et coupez la troisième en rondelles.

Fouettez le beurre mou avec la vergeoise jusqu'à ce que le mélange mousse. Incorporez les œufs un à un sans cesser de battre. Avec une cuillère, ajoutez la purée des 2 bananes, puis les graines de pavot, le rhum, le sel et le poivre de la Jamaïque. Ajoutez ensuite la farine tamisée, la levure et les rondelles de banane.

Beurrez et sucrez un moule à savarin et enfournez sur une grille à mi-hauteur. Laissez cuire 30 min. Démoulez une fois le cake refroidi.

POUR 8 PERSONNES

PRÉPARATION : 10 MIN

CUISSON : 30 MIN

Conseil

Si vous le souhaitez,
vous pouvez réaliser
un glaçage pour enrober le cake.
Pour ce faire, fouettez ensemble
125g de ricotta,
20g de beurre mou,
70 g de sucre glace et
1 c. à s. de jus de citron.
Étalez le mélange obtenu sur
le cake refroidi, puis entreposez
au réfrigérateur.

POUR 4 PERSONNES

CAFÉ AFFOGATO
À LA CARDAMONE

4 C. À C. de café moulu
3 GOUSSES de cardamome
4 grosses boules de très bonne glace à la vanille
20 G de sucre candi concassé

Mélangez le café et les petites graines contenues dans les gousses de cardamome, puis préparez un grand bol de café serré. Répartissez la glace dans des verres et arrosez de café brûlant. Saupoudrez de sucre candi concassé et servez très vite avant d'obtenir une crème anglaise au café !

PRÉPARATION : 5 MIN

CALVA-BREAD
AND BUTTER PUDDING AUX PARFUMS DE COING

Version simplifiée du traditionnel bread and butter pudding des Anglais, ce dessert peut être servi pour un brunch ou un petit-déjeuner. Il permet de recycler les restes de pain rassis.

Préchauffez le four à 200 °C (th. 7). Étalez le beurre et la gelée de coing sur 6 tranches de pain. Recouvrez-les avec les 6 autres tranches et retirez les croûtes à l'aide d'un couteau. Coupez-les chacune en 2 triangles. Disposez-les dans un plat à gratin de taille moyenne bien beurré, pointes vers le haut. Essayez de ne pas trop tasser les triangles, il faut que le pain puisse griller autant que possible.

Dans un saladier, fouettez les œufs avec le lait et la crème. Ajoutez le sirop d'érable, le calvados et la cannelle. Versez le mélange sur le pain.

Enfournez et laissez cuire 25 min. 10 min avant la fin de la cuisson, saupoudrez de sucre roux. Servez tiède, tel quel, ou avec un peu de glace ou une crème anglaise.

Conseil
Vous pouvez remplacer le calvados par du rhum, la gelée de coing par de la gelée de pomme et le sirop d'érable par du sucre, préalablement fondu dans le lait chauffé.

CUISSON : 25 MIN

PRÉPARATION : 15 MIN

POUR 6 PERSONNES

- 12 GRANDES TRANCHES de pain de mie un peu rassies
- 50 G de beurre demi-sel
- 6 C. À C. bien pleines de gelée de coing
- 2 œufs
- 15 CL de lait
- 15 CL de crème liquide
- 40 G de sirop d'érable
- 3 C. À S. de calvados
- 2 BONNES PINCÉES de cannelle
- 30 G de sucre roux

Goûtée au Vietnam, cette soupe de riz, ou plutôt cette bouillie, révèle une étonnante texture à laquelle on devient vite accro. Très répandue, de l'Asie du Sud-Est jusqu'au Japon, la préparation du congee consiste à faire mijoter longuement une petite quantité de riz à grain long dans une grande quantité d'eau. Pendant la cuisson, les grains vont éclater, libérer leur amidon, et on obtient une sorte de porridge de riz.

Traditionnellement, le congee s'accompagne de poisson, de viande, d'herbes et autres condiments, mais ma préférence va à la version sucrée, servie à l'occasion des fêtes et souvent accompagnée d'une purée de haricots rouges. Ajoutez-y ce que l'appétit vous suggère, et consommez-le en dessert ou au petit-déjeuner. Il est également recommandé en cas de problème digestif, la cuisson lente du riz le rendant très digeste.

CONGEE

SOUPE DE RIZ REVIGORANTE

CUISSON : 30 MIN

PRÉPARATION : 5 MIN

POUR 6 PERSONNES

100 G de riz basmati
1/2 C. À C. de sel

Versez le riz dans une casserole moyenne. Ajoutez huit fois son volume d'eau minérale ou filtrée et le sel. Mettez la casserole sur le feu. Dès l'ébullition, couvrez et laissez cuire à feu très doux pendant 30 min en mélangeant de temps en temps. Retirez du feu et laissez refroidir. Mettez au réfrigérateur. Servez avec des fruits frais et quelques fruits secs concassés, arrosé de miel ou de sirop d'érable.

Conseil

Vous pouvez choisir n'importe quel type de riz mais préférez les riz naturellement parfumés et évitez les riz précuits.

CUISSON : 22 MIN

PRÉPARATION : 10 MIN

CORNBREAD

Un grand classique américain souvent servi en accompagnement du sunday barbecue. Personellement, je l'apprécie au petit-déjeuner, nature ou toasté.

- 150 G de polenta précuite instantanée
- 30 CL de lait entier
- 125 G de farine
- 5 CL d'huile de maïs ou de tournesol
- 1 C. À C. rase de sel
- 50 G de sucre roux
- 1 C. À C. de bicarbonate de soude
- Huile neutre

Préchauffez le four à 170 °C (th. 6). Dans un saladier, mélangez la polenta et le lait, ajoutez la farine, l'huile, le sel, le sucre et le bicarbonate de soude. Le mélange doit être homogène.

Versez-le dans un moule à cake huilé. Enfournez pour 22 min. Démoulez et coupez en parts dès la sortie du four.

Conseil

Ce pain est délicieux toasté, couvert de lamelles de beurre demi-sel et éventuellement arrosé de sirop d'érable ou garni de confiture. Pour les Américains, il accompagne les viandes rôties ou grillées.

200 G de vermicelles ou de cheveux d'ange

200 G de sucre

2 C. À S. de jus de citron

60 G de beurre

200 G de ricotta ou d'un autre fromage frais (brousse)

Sel

KONAFA

CUISSON : 1H20

Voici un dessert commun à de nombreux pays arabes, du Moyen-Orient et d'Afrique du Nord. Si l'on en trouve dans toutes les bonnes pâtisseries, il est généralement préparé en famille, pendant la période du ramadan. En Égypte, où il pourrait mériter le titre de dessert national, il est préparé sans crème ni fromage, mais avec de la noix de coco râpée, des noisettes, des amandes et des raisins secs. En Palestine, d'où il semble originaire, et au Liban, il est farci d'un fromage frais qui s'apparente à la ricotta ou à notre brousse. Absolument irrésistible !

PRÉPARATION : 15 MIN

Préchauffez le four à 160 °C (th. 5-6). Dans une petite casserole, mélangez le sucre avec 20 cl d'eau, puis portez à ébullition en mélangeant. Ajoutez le jus de citron et continuez de mélanger jusqu'à l'obtention d'un sirop – mais surtout pas d'un caramel – qui nappe le dos d'une cuillère. Retirez du feu, laissez tiédir, puis mettez au réfrigérateur.

Faites cuire les vermicelles 2 min dans de l'eau bouillante salée, égouttez et rafraîchissez-les rapidement sous l'eau du robinet. Pressez-les pour en extraire le maximum d'eau. Faites fondre le beurre et mélangez-le aux vermicelles.

Répartissez la moitié des vermicelles dans le fond de quatre petits ramequins. Disposez la ricotta dessus, puis recouvrez avec le reste de vermicelles. Tassez bien et enfournez. Laissez cuire 1 h, augmentez la température du four à 220 °C (th. 7-8) et laissez dorer encore 15 min.

Retournez les konafa sur les assiettes et arrosez-les de sirop. Servez immédiatement.

POUR 4 PERSONNES

KULFI
OU GLACE INDIENNE À LA PISTACHE

Le kulfi est certainement l'un des desserts les plus populaires en Inde. Vendu à tous les coins de rue, il est une tentation permanente pour les gourmands et pour les prudents car le lait, cuit pendant de longues minutes jusqu'à réduction, est ainsi débarrassé d'éventuelles bactéries. Un élément secondaire chez nous, mais essentiel quand on affectionne comme moi la cuisine de rue ! Ce dessert est habituellement moulé dans des petites barquettes coniques qui lui donnent un aspect d'esquimau, mais si vous le versez dans des ramequins, les Indiens ne devraient pas vous en tenir rigueur.

Dans une sauteuse à bords hauts, versez le lait et le sucre, puis ajoutez la gousse de vanille fendue et les graines de cardamome. Portez à ébullition, puis laissez réduire à petits bouillons pendant 45 min.

Pendant ce temps, concassez la moitié des pistaches et hachez le reste en poudre. Faites dorer la poudre d'amande dans une poêle sèche.

Lorsqu'il reste 50 cl de liquide, retirez la casserole de lait du feu, ôtez la gousse de vanille et ajoutez l'eau de rose. Mélangez avec la poudre d'amande et la poudre de pistache. Laissez refroidir.

Répartissez le mélange dans des petits ramequins étroits à bords hauts et entreposez 4 h minimum au congélateur.

Servez les glaces démoulées, décorées avec de la confiture de rose et les pistaches concassées.

Conseil
Vous pouvez préparer ces glaces plusieurs jours à l'avance, à condition de les entreposer 30 min au réfrigérateur avant de les servir.

POUR 4 PERSONNES

PRÉPARATION : 10 MIN

CUISSON : 45 MIN

CONGÉLATION : 4 H

- 1 L de lait entier
- 80 G de sucre
- 1 GOUSSE de vanille
- 3 GOUSSES de cardamome
- 70 G de pistaches décortiquées non salées ou de noix de cajou
- 30 G de poudre d'amande
- 1 C. À S. d'eau de rose
- 1 C. À S. de confiture de rose

Conseil

Ajoutez quelques éclats d'amandes
dans le fond de biscuits.
Plus le cheesecake sera préparé
à l'avance, plus il sera dense.
Le fait de passer le fond de biscuits
au congélateur
permet à la crème de cuire
sans le détremper.

NY CHEESECAKE
BEST OF THE BEST

La recette dont vous n'allez pas vous remettre !

REPOS : 1 H + 1 NUIT

CUISSON : 1 H 40

PRÉPARATION : 20 MIN

POUR 8 À 10 PERSONNES

PÂTE

350 G de galettes bretonnes
80 G de beurre fondu
1 C. À S. de sucre

CRÈME

600 G de cream cheese (Philadelphia®) ou St-Môret®
250 G de fromage blanc à 20 % de MG
250 G de crème fraîche épaisse
180 G de sucre
1 OU 2 GOUSSES de vanille
4 très gros œufs (ou 5 moyens)

La veille, préchauffez le four à 200 °C (th. 7) en chaleur ventilée. Mixez les biscuits jusqu'à l'obtention d'une poudre. Ajoutez le beurre fondu et le sucre, puis mixez de nouveau. Étalez la préparation dans le fond d'un moule à fond amovible de 24 cm de diamètre, puis enfournez pour 10 min. Laissez refroidir et (idéalement) entreposez au congélateur le temps de préparer la suite. Baissez la température du four à 120 °C (th. 4) et arrêtez la ventilation.

Mixez le cream cheese avec le fromage blanc et la crème fraîche. Ajoutez le sucre, les graines de la gousse de vanille, les œufs, puis mixez de nouveau pendant 1 min. Beurrez les parois du moule et versez la crème sur les biscuits. Enfournez pour 1 h 30.

À la fin de la cuisson, éteignez le four sans ouvrir la porte et laissez le gâteau y tiédir pendant 1h. Laissez-le reposer 1h à l'extérieur du four, puis placez-le au réfrigérateur pour au moins 1 nuit sans le couvrir.

Le jour même, servez frais, mais pas trop froid. Le mieux est de sortir le cheesecake du réfrigérateur 1h à l'avance. Saupoudrez-le éventuellement de sucre glace. Vous pouvez également l'accompagner d'un coulis de framboise ou de mangue, mixez alors les fruits frais avec un peu de sucre et passez à travers un chinois. Ou servez avec du lemon curd dilué dans du lait et de la crème.

« LA DÉGUSTATION

A UNE VALEUR D'ÉVASION COMPARABLE

À CELLE DES AUTRES ARTS. »

MAX LÉGLISE

CHRISTMAS PUDDING
DE PENNY HOLMES

POUR 8 PERSONNES

Ah, Penny ! Cette délicieuse « lady » incarne à elle seule toute l'élégance et la discrétion anglaises, éclairée d'une sincérité qu'il me semble, sans doute à tort, plus légitime d'associer à notre hexagone. J'ai rencontré Penny pendant les quelques années où elle a vécu à Paris, aux côtés de son mari, John Holmes, alors ambassadeur de Grande-Bretagne. Elle avait eu l'audace et la fantaisie de publier deux livres de cuisine, anglaise bien sûr ! C'est au cours d'un dîner de réveillon de Noël donné à l'ambassade que je devais goûter mon tout premier Christmas pudding. Depuis, il ne se passe pas une année sans que je prépare ce délicieux gâteau, alcoolisé et acidulé en diable. Les Anglais sont des gens prévoyants : la règle exige que le pudding repose pendant au moins 2 à 3 mois avant d'être consommé !

- 100 G de zeste d'orange confit
- 75 G de gingembre confit
- 1/2 pomme
- 1/2 carotte
- 250 G d'un mélange de raisins secs blonds et noirs
- 200 G de noix hachées
- 250 G de chapelure
- Le jus de 1/2 citron
- 20 CL de jus d'orange
- 1 C. À S. de quatre-épices
- 1 C. À C. de cannelle
- 5 C. À S. de cognac
- 75 G de beurre fondu
- 3 œufs moyens

BRANDY BUTTER

- 150 G de beurre fondu
- 50 G de lemon curd (facultatif)
- 80 G de sucre
- 20 CL de cognac

PRÉPARATION : 30 MIN — CUISSON : 9 H + 3 H — REPOS : 24 H — DE 2 MOIS À 1 AN

Commencez la préparation au moins 2 mois avant la dégustation : coupez le zeste d'orange et le gingembre en tout petits dés. Épluchez et râpez la pomme et la carotte. Dans un saladier, mélangez le zeste d'orange, les raisins, le gingembre, les noix, la chapelure, la pomme et la carotte râpées, les jus de citron et d'orange, et les épices. Recouvrez de film alimentaire et laissez reposer au réfrigérateur pendant 24 h en mélangeant de temps en temps.

Le lendemain, ajoutez le cognac, le beurre fondu, puis les œufs légèrement battus. Versez le mélange dans un moule demi-sphérique beurré, couvrez de papier cuisson, puis d'un linge, et scellez le tout avec de la ficelle. Faites cuire durant 6 h au bain-marie en plongeant le moule dans une grande cocotte. L'eau doit être toujours frémissante et arriver à mi-hauteur du moule.

Laissez refroidir, puis conservez au réfrigérateur pendant 2 mois minimum et 1 an maximum, bien emballé dans plusieurs couches de film alimentaire et d'aluminium car le pudding ne doit pas se dessécher ni être exposé à la lumière.

Le jour de la dégustation, faites réchauffer le pudding 3 h au bain-marie. Pendant ce temps, préparez le brandy butter en battant le beurre, le lemon curd et le sucre jusqu'à ce que le mélange soit crémeux. Ajoutez le cognac, mélangez et mettez au frais. Démoulez le pudding dans un plat creux. Flambez-le éventuellement en faisant chauffer 10 cl de cognac.

GÂTEAU DE SEMOULE FINE
AUX FRUITS SECS À LA MAROCAINE

CUISSON : 15 MIN

PRÉPARATION : 20 MIN

POUR 4 PERSONNES

- 30 G de pignons de pin
- 3 œufs
- 80 G de sucre
- 80 G de semoule fine
- 60 G de poudre d'amande
- 1/4 DE C. À C. de levure chimique
- 7 CL d'huile d'olive
- 1/2 orange non traitée
- 30 G de dattes dénoyautées
- + 4 pour la déco
- 30 G d'orangettes
- + 4 pour la déco
- 30 G de raisins secs
- 20 G de miel
- 4 CL d'eau de fleur d'oranger
- Le jus de 1/2 citron

Conseil

Vous pouvez utiliser toutes sortes de fruits secs ou confits comme des zestes d'orange, du gingembre, des abricots, des amandes…

Préchauffez le four à 170 °C (th. 6), sole et voûte. Faites dorer les pignons dans une poêle sèche. Beurrez six petits ramequins à œuf (environ 8 cm de diamètre de fond).

Fouettez ensemble les œufs avec le sucre jusqu'à ce que le mélange soit bien mousseux. Ajoutez la semoule en pluie, la poudre d'amande mélangée à la levure, puis l'huile d'olive. Lavez l'orange et râpez le zeste, ajoutez-le avec 5 cl de son jus. Coupez les dattes et les orangettes en dés et ajoutez-les au mélange ainsi que les raisins secs et la moitié des pignons. Répartissez dans les moules.

Enfournez sur une grille à mi-hauteur et laissez cuire 13 min.

Pendant la cuisson, portez à ébullition 5 cl d'eau avec le miel. Retirez du feu, puis ajoutez l'eau de fleur d'oranger et le jus de citron. À la fin de la cuisson, à l'aide d'un pinceau, badigeonnez très généreusement les gâteaux encore chauds de ce sirop. Une fois les gâteaux froids, décorez avec les pignons restants, des dattes coupées en quatre dans la longueur et quelques lamelles d'orangettes. Consommez tiède ou à température ambiante. Délicieux avec une glace à la vanille !

PANNA COTTA À LA FLEUR D'ORANGER
COULIS DE POIRE AU SAFRAN

Préparez la crème : dans une casserole, versez la crème, le sucre et les graines de la gousse de vanille. Portez à ébullition, retirez du feu et ajoutez immédiatement l'agar agar. Mélangez, laissez tiédir, incorporez l'eau de fleur d'oranger et répartissez dans des verres ou des coupes. Couvrez de film alimentaire, puis mettez au réfrigérateur pour au moins 3 h.

Préparez le coulis : épluchez les poires et coupez-les en dés. Mettez-les dans une casserole, ajoutez le miel, le safran, puis portez à douce ébullition. Couvrez et laissez compoter 10 min. Ajoutez le jus de citron et mixez. Laissez refroidir. Versez sur les crèmes, couvrez et mettez au réfrigérateur.

Préchauffez le four à 180 °C (th. 6). Préparez le crumble : coupez le beurre en morceaux dans un saladier. Ajoutez la farine et la cassonade, puis mélangez du bout des doigts. Ajoutez les noix concassées. Émiettez le crumble sur la plaque du four recouverte de papier cuisson et enfournez pour 20 min environ, le crumble doit être bien doré.

Avant de servir, répartissez le crumble dans les verres.

POUR 8 PERSONNES PRÉPARATION : 25 MIN CUISSON : 30 MIN REPOS : 3 H

CRÈME

- 1 L de crème liquide entière
- 90 G de sucre
- 2 GOUSSES de vanille
- 4 OU 5 C. À C. d'eau de fleur d'oranger (selon votre goût)
- 4 G d'agar agar ou 4 feuilles de gélatine

COULIS

- 2 poires
- 15 G de miel d'acacia
- 2 DOSES de safran
- 1 C. À S. de jus de citron

CRUMBLE

- 50 G de beurre mou
- 75 G de farine
- 50 G de cassonade
- 30 G de noix concassées

CUISSON : 10 MIN

PRÉPARATION : 15 MIN

POUR 4 PERSONNES

Conseil

N'écrasez pas les feuilles de brick dans le four, elles colleraient les unes aux autres. Vous pouvez remplacer l'eau de fleur d'oranger par du zeste d'orange haché.

PASTILLA
AU LAIT D'AMANDE, FIGUES SÈCHES ET FRAÎCHES

7 feuilles de brick
100 G d'amandes concassées
100 G de figues sèches (ou de dattes)
50 CL de lait demi-écrémé (ou de lait d'amande)
130 G de sucre glace
2 C. À S. rases de Maïzena®
5 C. À S. d'eau de fleur d'oranger
Quelques gouttes d'essence d'amande amère
60 G de beurre
1 C. À S. de cannelle
2 figues fraîches (facultatif)

Placez les figues dans un bol et couvrez-les d'eau bouillante additionnée de 2. à s. d'eau de fleur d'oranger. Laisez reposer 1 h. Égouttez et coupez-les en dés.

Préchauffez le four à 210 °C (th. 7). Faites dorer les amandes dans une poêle sèche. Coupez les figues sèches en dés. Dans une casserole, fouettez le lait avec 60 g de sucre glace et la Maïzena®, puis portez à ébullition. Faites épaissir à feu moyen en mélangeant. La préparation doit être plus épaisse qu'une crème anglaise. Ajoutez l'eau de fleur d'oranger et l'essence d'amande amère, puis réservez. Faites fondre le beurre. Coupez les feuilles de brick en quatre et badigeonnez-les de beurre fondu. Déposez-les sur une plaque recouverte de papier cuisson, puis enfournez pour 5 à 7 min, jusqu'à ce qu'elles dorent légèrement. Dès leur sortie du four, saupoudrez-les de sucre glace et de cannelle.

Dans chaque assiette, déposez 2 quartiers de feuille et ajoutez un peu de crème. Saupoudrez d'amandes et de figues, recommencez deux fois l'opération et recouvrez d'une feuille. Décorez éventuellement de figues fraîches si la saison le permet. Saupoudrez de sucre glace et de cannelle, puis servez tiède.

PAVLOVA
AUX FRUITS DE LA PASSION

Préparez la meringue : préchauffez le four à 120 °C (th. 4). Montez les blancs d'œufs en neige. Ajoutez le zeste de citron, puis le sucre glace cuillère après cuillère, en donnant un coup de fouet entre les ajouts.

Étalez la préparation en 3 disques sur trois feuilles de papier cuisson : un de 24 cm de diamètre, un de 22 cm et le dernier de 20 cm. Enfournez chaque disque sur une plaque et laissez cuire 2 h. Laissez ensuite refroidir dans le four éteint et entrebâillé afin de laisser la vapeur s'échapper. Placez la crème liquide au réfrigérateur dans un saladier pour pouvoir la monter en chantilly.

Préparez la crème Passion : dans une casserole, réunissez les œufs entiers avec les jaunes, le sucre roux, la pulpe de 2 fruits de la Passion, 1 c. à s. de gelée de coing et le jus de citron vert. Mélangez énergiquement sur feu moyen pendant 5 min, jusqu'à ce que le sucre soit bien dissout. Ajoutez alors le beurre en morceaux et continuez de mélanger jusqu'à ce que la préparation épaississe et que la crème nappe une cuillère. Laissez refroidir et placez au réfrigérateur.

Fouettez la crème liquide bien froide jusqu'à obtenir une chantilly. Quand elle commence à former des pics, ajoutez 1 c. à s. de gelée de coing.

Sur une assiette, disposez le plus grand disque de meringue, couvrez-le de la moitié de la crème et d'un tiers de chantilly. Déposez le deuxième disque, le reste de la crème, une couche de chantilly et enfin le dernier disque, puis terminez par la chantilly. Placez au réfrigérateur, idéalement pour 10 h à 12 h (sans couvrir). L'objectif est que le gâteau se tasse, que les saveurs se mélangent, mais attention : au-delà de cette durée, il ramollirait trop. Arrosez de la pulpe des 2 autres fruits de la Passion avant de servir.

PRÉPARATION : 20 MIN   CUISSON : 2 H   REPOS : DE 10 À 12 H

POUR 8 PERSONNES

Conseil

Les blancs d'œufs ne doivent pas être trop frais pour monter correctement.
La gelée de coing sucre tout en communiquant un parfum fruité délicat, mais vous pouvez la remplacer par du sucre ou la gelée d'un autre fruit, en évitant les fruits rouges.

MERINGUE

- 4 blancs d'œufs (160 g environ)
- Le zeste de 1/2 citron vert
- 200 G de sucre glace
- 25 CL de crème liquide

CRÈME PASSION

- 4 fruits de la Passion
- 2 œufs + 2 jaunes
- 60 G de sucre roux
- 2 C. À S. de gelée de coing
- 1 C. À S. de jus de citron vert
- 80 G de beurre

STICKY RICE AU LAIT DE COCO
FLEUR DE SEL ET MANGUE FRAÎCHE

- 200 G de riz gluant
- 20 CL de crème de coco
- 50 G de sucre de palme ou de vergeoise brune
- 1/4 DE C. À C. de fleur de sel
- 1 mangue mûre à point

Faites tremper le riz dans un saladier d'eau pendant 4 h (idéalement 1 nuit). Égouttez-le et versez-le dans le panier d'un couscoussier couvert d'une gaze si les trous sont trop gros. Portez une casserole d'eau à ébullition et posez le panier dessus. Couvrez bien hermétiquement et laissez cuire 45 min.

Portez doucement à ébullition la crème de coco avec le sucre.

Versez le riz dans un plat creux et évasé. Versez le lait bouillant en mince filet sur le riz en mélangeant avec la fourchette. Couvrez et laissez tiédir 30 min au moins avant de servir. Ajoutez la fleur de sel, mélangez et conservez au réfrigérateur avant de servir.

Accompagnez de la mangue fraîche finement émincée.

Conseil

Vous pouvez également ajouter des feuilles de menthe ou des copeaux de noix de coco au moment de servir.

POUR 6 PERSONNES   PRÉPARATION : 10 MIN   CUISSON : 45 MIN   REPOS : 4 H

SEMIFREDDO DE RICOTTA
AUX MARRONS ET CÉDRATS CONFITS

Pour ce dessert, je me suis inspirée du semifreddo italien (semi-glace), sorte de parfait glacé qui a l'avantage de ne pas nécessiter de sorbetière. En remplaçant une grande partie de la crème par de la ricotta, le dessert s'allège et s'harmonise parfaitement avec la consistance des marrons.
Le cédrat est un gros agrume assez rare qui apporte une note d'acidité et d'amertume, idéale pour ce dessert, mais toute autre écorce d'agrume confit fera très bien l'affaire.

La veille, faites fondre, sans faire bouillir, le beurre avec la vergeoise. Laissez refroidir. Brisez les galettes bretonnes en petits éclats et arrosez de beurre fondu sucré. Mélangez. Posez un cercle à pâtisserie de 23 cm sur une assiette de service. Étalez les biscuits dans le cercle et tassez avec le plat de la main. Réservez au réfrigérateur.

Plongez une par une les feuilles de gélatine dans de l'eau fraîche. Coupez le cédrat en dés de 0,5 cm de côté. Émiettez grossièrement les marron au sirop. Fouettez la ricotta avec la crème de marron pendant 2 min, ajoutez les marrons en éclats et les dés de cédrat.

Dans une petite casserole, faites chauffer la moitié de la crème avec les graines de la gousse de vanille, sans porter à ébullition. Hors du feu, ajoutez la gélatine bien essorée, puis mélangez. Quand elle est fondue, ajoutez le reste de crème, puis la ricotta aux marrons. Mélangez bien. Montez les blancs d'œufs en neige avec la pincée de sel. Incorporez-les au mélange. Étalez-le sur le fond de biscuits et mettez-le au réfrigérateur pour une nuit.

30 min avant de servir, entreposez le gâteau au congélateur. Déposez sur le dessus des éclats de marrons glacés, des brisures de meringue, et saupoudrez de cacao amer à l'aide d'une petite passoire. Servez en parts.

POUR 10 PERSONNES PRÉPARATION : 40 MIN CUISSON : 15 MIN REPOS : 12 H 30

500 G de ricotta
80 G de beurre
2 C. À S. de vergeoise brune
250 G de galettes bretonnes

2 FEUILLES de gélatine
100 G de cédrat ou de zeste d'orange confit au sirop
200 G de marrons au sirop ou de marrons glacés
200 G de crème de marron vanillée
1 GOUSSE de vanille
10 CL de crème fraîche épaisse
4 blancs d'œufs
1 PINCÉE de sel
4 OU 5 marrons glacés pour la déco
Quelques brisures de meringue
Cacao en poudre

SCHIACCIATA CON L'UVA

GALETTE AUX RAISINS, HUILE D'OLIVE ET ROMARIN

J'ai découvert cette recette lors d'un voyage en Toscane. Son origine remonte très loin puisqu'elle aurait été préparée dès l'époque étrusque, exclusivement à la période des vendanges. Son nom signifie « aplatie ». Cette galette est une sorte de pizza sucrée aux raisins qui se mange froide en Italie, mais je la préfère tiède, voire chaude, pour profiter de son croustillant. Je vous laisse vous faire votre opinion, mais ne passez pas à côté de cette merveille.

Préparez la pâte : versez la farine dans un grand saladier, ajoutez la levure et le sucre, puis mélangez. Ajoutez progressivement l'eau tiédie et le sel en pétrissant à la main, puis l'huile d'olive et les graines d'anis. Continuez de pétrir pendant 5 à 7 min, jusqu'à ce que la pâte soit bien homogène.

Placez-la dans un grand saladier fariné : prévoyez qu'elle va au moins doubler de volume. Farinez le dessus de la pâte et couvrez d'un torchon humide. Laissez gonfler dans un endroit chaud (de 26 à 28 °C) pendant au moins 1h.

Préparez la garniture : versez 3 c. à s. d'huile d'olive dans une petite casserole, ajoutez le romarin et portez à frémissement. Coupez le feu, couvrez, laissez tiédir et infuser.

Pendant ce temps, lavez les raisins, égrappez-les et séchez-les bien. Huilez légèrement une plaque à pâtisserie de 35 x 20 cm minimum et sucrez-la.

Coupez la boule de pâte en 2 parts égales et étalez-en une sur le fond de la plaque. Recouvrez des 2/3 des raisins, saupoudrez de sucre et arrosez d'huile d'olive filtrée. Déposez le reste de pâte sur le dessus et étirez-le pour qu'il recouvre les raisins. Enfoncez-y les raisins restants, déposez quelques brins de romarin, puis écrasez pour souder les pâtes. Couvrez de papier cuisson huilé, puis d'un torchon humide et chaud. Laissez lever encore 30 min. Préchauffez le four à 180 °C (th. 6). Enfournez pour 40 min.

À la sortie du four, attendez 15 min avant de couper en parts. Mangez tiède, et avec les doigts, c'est meilleur !

REPOS : 1 H 45

CUISSON : 40 MIN

PRÉPARATION : 20 MIN

Conseil
J'opte pour la farine T65 car elle contient plus de son et moins d'additifs que la farine T45 ou T55. On la trouve dans toutes les épiceries bio.

PÂTE

- 300 G de farine T65
- 1 SACHET de levure de boulanger
- 40 G de sucre
- 20 CL d'eau
- 1 C. À S. d'huile d'olive
- 1/2 C. À C. de graines d'anis
- 1 BONNE PINCÉE de sel

GARNITURE

- 800 G de raisins noirs, juteux et parfumés (si possible sans pépins et du type muscat)
- 50 G de sucre
- 3 C. À S. d'huile d'olive
- 2 BRINS de romarin

STICKY TOFFEE PUDDING

CUISSON : 35 MIN

PRÉPARATION : 30 MIN

POUR 6 PUDDINGS

Sortez le beurre du réfrigérateur. Placez les dattes dans un grand bol, ajoutez les graines de la gousse de vanille, le bicarbonate et le café, puis versez 20 cl d'eau bouillante. Couvrez et laissez gonfler pendant au moins 15 min. Préchauffez le four à 180 °C (th. 6).

Dans un saladier, fouettez le beurre avec les sucres. Ajoutez les œufs et fouettez le mélange. Incorporez la farine. Dénoyautez les dattes et coupez-les en dés, puis ajoutez-les à la préparation ainsi que leur marinade. Mélangez bien.

Garnissez de la préparation des petits ramequins beurrés et sucrés. Enfournez et laissez cuire 25 min. À la fin de la cuisson, laissez-les refroidir avant de les démouler. Posez-les sur des petits plats individuels allant au four. Augmentez la température du four à 200 °C (th. 7).

Préparez la sauce caramel en mélangeant les ingrédients dans une casserole. Portez sur feu moyen et mélangez jusqu'à ce que le mélange ait la consistance d'un caramel onctueux. Couvrez les puddings de ce caramel et enfournez pour 8 min. Servez éventuellement avec de la glace à la vanille ou au café.

- 200 G de dattes
- 80 G de beurre
- 1 GOUSSE de vanille
- 1 C. À C. de bicarbonate de soude
- 2 C. À S. de café noir assez fort
- 75 G de sucre
- 75 G de sucre muscovado
- 2 œufs
- 180 G de farine

SAUCE CARAMEL

- 175 G de sucre
- 100 G de beurre
- 10 CL de crème liquide

SYLLABUB
AU CITRON ET VIN DOUX

Ce dessert régale les Anglais depuis quatre siècles. Originellement, il s'agissait simplement de crème additionnée de vin doux. J'y ai ajouté des zestes de citron, des biscuits et du yaourt pour l'alléger, mais je vous laisse broder autour du thème.

- 8 À 10 G de zeste de citron
- 90 G de jus de citron (si possible de Menton)
- 90 G de sucre glace
- 4 C. À S. de vin doux (Maury, banyuls, muscat…)
- 40 CL de crème liquide
- 2 yaourts brassés
- 180 G de galettes bretonnes

La veille, mélangez le zeste et le jus de citron avec le sucre glace et le vin, et laissez macérer 1 nuit.

Le jour même, fouettez la crème liquide jusqu'à obtenir une crème fouettée. Ajoutez les yaourts et la macération au citron. Ne mélangez pas trop, de manière à obtenir de jolies marbrures.

Écrasez les galettes bretonnes et répartissez la moitié des brisures dans des verres ou des coupes. Couvrez avec la moitié de la crème au citron, ajoutez des miettes de biscuits, mais réservez-en un peu pour la déco, puis couvrez du reste de crème. Saupoudrez du reste de miettes de galettes. Laissez au réfrigérateur de 2 à 3 h minimum, jusqu'à 24 h. Servez bien frais.

POUR 6 PERSONNES

PRÉPARATION : 15 MIN

REPOS : 1 NUIT

Conseil

Je préfère ce dessert après 1 nuit de repos. L'acidité est moins prononcée et les parfums sont plus fondus.
Vous pouvez ajouter une couche de purée de rhubarbe. Vous pouvez préparer cette recette avec un mélange de jus de citron et d'orange.

CUISSON : 10 MIN

VERMICELLES À LA CANNELLE
COMME AU PORTUGAL

L'un des desserts les plus populaires au Portugal. Comme en Espagne, la présence arabe pendant plus de quatre siècles a laissé beaucoup de traces dans la gastronomie portugaise. Ces vermicelles, qui occupent une place importante dans la pâtisserie orientale, en sont l'un des plus vivaces témoignages. À recommander aux amateurs de riz au lait.

PRÉPARATION : 10 MIN

Versez le lait dans une casserole, ajoutez le zeste de citron et le bâton de cannelle. Portez à ébullition. Brisez les vermicelles entre vos doigts, puis jetez-les dans le lait bouillant. Faites cuire pendant 5-6 min. Ajoutez le sucre, mélangez, puis retirez du feu. Incorporez les jaunes d'œufs un à un en mélangeant.

Versez la préparation dans un plat évasé. Saupoudrez largement de cannelle en formant des croisillons. Servez à température ambiante.

1,2 L de lait entier
1/2 citron non traité (zeste)
1 BÂTON de cannelle
125 G de vermicelles ou de cheveux d'ange
110 G de sucre
6 jaunes d'œufs
Cannelle moulue

POUR 8 PERSONNES

Conseil

*Ce dessert peut évidemment se préparer avec du lait demi-écrémé.
Si vous n'appréciez pas la cannelle, pas de panique : remplacez-la par 1 gousse de vanille.*

CUISSON : 40 MIN

PRÉPARATION : 10 MIN

POUR 6 PERSONNES

GINGEMBRE CONFIT
AU SÉSAME

200 G de racine de gingembre
50 G de sucre
1 C. À S. de graines de sésame
1 C. À S. de jus de citron vert (facultatif)

Pelez le gingembre et coupez-le en dés ou en lamelles de 0,5 cm d'épaisseur. Mettez-les dans une casserole, couvrez d'eau et portez à ébullition. Dès les premiers bouillons, jetez l'eau de cuisson. Remettez le gingembre dans la casserole, ajoutez le sucre, remuez et laissez cuire à feu doux pendant 30 min. Si la préparation se dessèche, remettez un peu d'eau au fur et à mesure. Mélangez très régulièrement.

Ajoutez le sésame, puis mélangez encore 5 min. Déglacez éventuellement avec le jus de citron vert. Étalez sur une feuille de papier cuisson et laissez sécher. Conservez dans une boîte hermétique, dans un endroit frais.

ZUPPA INGLESE

J'avoue un gros faible pour cette recette. A priori, ça n'a l'air de rien, des biscuits à la cuillère trempés dans un sirop, puis arrosés d'une crème à mi-chemin entre l'anglaise et la pâtissière. Mais il faut bien reconnaître que les recettes qui traversent les siècles — les ducs d'Este auraient tenté de copier le trifle anglais goûté à la cour royale, d'où son nom de « soupe anglaise » — possèdent un petit côté magique, une alchimie de saveurs et de textures qui les rend immortelles. Autre avantage, elle peut être préparée à l'avance, c'est même meilleur ainsi, à condition de n'ajouter les amandes qu'au dernier moment.

Dans une casserole, fouettez ensemble les jaunes d'œufs, la Maïzena® et le sucre jusqu'à ce que le mélange blanchisse. Versez le lait et ajoutez la gousse de vanille fendue et grattée. Faites cuire sur feu moyen en mélangeant jusqu'à l'obtention d'une crème onctueuse mais encore souple pendant 10 à 15 min environ. Retirez du feu. Laissez refroidir, puis réservez.

Coupez les fruits confits en petits dés et arrosez-les de 1 c. à s. d'alcool, mélangez et laissez reposer.

Faites chauffer 8 cl d'eau avec 1 c. à s. de sucre afin de réaliser un sirop. Dès que le mélange bout, versez-le dans une assiette creuse, puis ajoutez le reste d'alcool et l'eau de fleur d'oranger si vous le souhaitez. Trempez très rapidement les biscuits dans le mélange et déposez-en 3 dans chaque assiette (légèrement creuse).

Ajoutez les dés de fruits confits et déposez délicatement la crème. Couvrez de film alimentaire et mettez au réfrigérateur pour 8 h minimum, jusqu'à 24 h maximum.

Juste avant de servir, saupoudrez la surface de sucre glace, puis d'amandes effilées grillées.

POUR 4 PERSONNES — PRÉPARATION : 20 MIN — CUISSON : 15 MIN — REPOS : DE 8 À 24 H

Conseil

Cette recette peut être préparée en version familiale : dans ce cas, prévoyez 250 g de biscuits à la cuillère. Tapissez le fond d'un plat carré de 23 cm de côté de la moitié des biscuits, couvrez de fruits confits, de crème, d'une autre couche de biscuits, de crème, puis de nouveau de fruits confits.
Vous pouvez ajouter 3 c. à s. de cacao en poudre à la fin de la cuisson de la crème et tremper les biscuits dans un mélange de porto et de café.
Le secret de cette recette réside dans deux éléments très simples mais indispensables : ne transigez pas sur la qualité du lait, qui doit absolument être frais, et des biscuits.

- 12 biscuits à la cuillère
- 4 jaunes d'œufs
- 1 C. À S. de Maïzena®
- 80 G de sucre
- 1/2 L de lait entier ou demi-écrémé
- 1 GOUSSE de vanille
- 50 G de fruits confits
- 8 CL de porto ou de kirsch (l'alcool d'origine est le marasquin)
- 1 OU 2 C. À S. d'eau de fleur d'oranger (facultatif)
- Sucre glace
- 50 G d'amandes effilées

l é g è

r e t é

« La paresse, c'est se lever
à six heures du matin
pour avoir plus longtemps
à ne rien faire. »

TRISTAN BERNARD

PRÉPARATION : 20 MIN

Compote de fruits exotiques et perles au lait de coco

CUISSON : 30 MIN

REPOS : 20 MIN

POUR 8 PERSONNES

1/2	banane bien mûre
1	mangue mûre à point
2	oranges (15 cl de jus)
110 g	de sucre de palme, soit 2 galets (à défaut du sucre roux)
4	fruits de la Passion
50 cl	de lait entier
1	gousse de vanille
70 g	de perles de tapioca
200 g	de lait de coco
	Copeaux de noix de coco séchés ou biscuits sablés
1	pincée de sel

Épluchez la banane et coupez-la en petits morceaux. Épluchez également la mangue et coupez-la en dés. Versez le jus des oranges dans une casserole avec 50 g de sucre, la banane et 5 cl d'eau. Portez à ébullition et laissez bouillir 2 min. Ajoutez la chair des fruits de la Passion. Laissez refroidir avant d'ajouter la mangue. Entreposez au réfrigérateur.

Dans une casserole, portez à ébullition le lait avec le sucre restant et les graines de la gousse de vanille. Ajoutez les perles de tapioca. Laissez cuire 25 min à feu très doux, ou 15 min si les perles sont précuites, en mélangeant régulièrement au fouet pour qu'elles n'accrochent pas. Couvrez à mi-cuisson. À la fin de la cuisson, retirez du feu, puis ajoutez le lait de coco et le sel. Entreposez au réfrigérateur pendant au moins 20 min.

Dans des coupes ou des verres évasés, versez les perles au lait de coco. Couvrez avec les fruits. Servez bien frais, décoré de copeaux de noix de coco ou de biscuits sablés grossièrement émiettés.

PRÉPARATION : 15 MIN

CUISSON : 10 MIN

Crémeux au pamplemousse, fraises et framboises à l'eau de fleur d'oranger

RÉFRIGÉRATION : 3 H

POUR 4 PERSONNES

10 cl	de jus de pamplemousse
5 cl	de jus d'orange
250 g	de fraises
200 g	de framboises
1 c. à s.	d'eau de fleur d'oranger
3	œufs
100 g	de miel toutes fleurs, d'acacia ou d'oranger
8 c. à c.	d'huile d'olive
3	brins de menthe
4	petites meringues

Mettez les œufs, 80 g de miel et les jus de pamplemousse et d'orange dans une casserole. Fouettez sans cesse sur feu moyen jusqu'à ce que la préparation épaississe comme une crème pâtissière. Retirez du feu et ajoutez 4 c. à c. d'huile d'olive. Mélangez et versez dans des petits ramequins. Laissez prendre au réfrigérateur pendant au moins 3 h.

Lavez les fraises, équeutez-les et coupez-les en dés. Mettez-les dans un bol, ajoutez les framboises, mélangez délicatement et arrosez le tout d'eau de fleur d'oranger. Lavez la menthe et ciselez-la.

Répartissez les fruits rouges dans les ramequins, puis saupoudrez d'une pincée de menthe ciselée. Arrosez chaque coupe de 5 g de miel et de 1 c. à c. d'huile d'olive. Brisez les meringues en gros éclats et déposez-les dans les coupes. Servez bien frais.

CONSEIL

Vous pouvez remplacer le jus de pamplemousse par du jus d'orange.

Pour un dessert encore plus light, évitez l'huile d'olive, il restera délicieux.

PRÉPARATION : 20 MIN

CUISSON : 10 MIN

Crème glacée à la mangue sans crème ni sucre, tulipes de sésame

POUR 6 PERSONNES

CRÈME GLACÉE

10	lamelles de mangue surgelées Picard® ou 2 mangues fraîches surgelées par vos soins
1	citron vert
150 g	de yaourt de soja, yaourt brassé ou crème à défaut
1	voile de cannelle moulue

TULIPES DE SÉSAME

60 g	de graines de sésame
60 g	de beurre fondu
5 cl	de jus d'orange
80 g	de sucre
35 g	de farine
1 c. à s.	de miel (30 g)

Préparez les tulipes : préchauffez le four à 180 °C (th. 6) et placez les graines de sésame dans le four pour les faire dorer. Faites fondre le beurre au four à micro-ondes et laissez-le tiédir. Versez-le dans un saladier, ajoutez le jus d'orange, le sucre, la farine, le miel et les graines de sésame, puis mélangez. Beurrez une plaque antiadhésive et déposez 6 petits tas de 2 c. à s. de pâte.

Enfournez et faites cuire pendant 10 min. À la fin de la cuisson, attendez un peu que les tuiles tiédissent, sans durcir pour autant, puis détachez-les. Déposez-les aussitôt dans des bols pour qu'elles en épousent la forme. Laissez refroidir.

Préparez la crème : faites à peine décongeler les lamelles de mangue, de manière à pouvoir les couper en gros morceaux.

Lavez le citron, prélevez-en le zeste et hachez-le. Mettez les morceaux de mangue dans la cuve d'un mixeur, ajoutez le yaourt et mixez jusqu'à l'obtention d'une purée.

Servez sans attendre la crème glacée dans les tulipes, décorez de zeste de citron, puis saupoudrez de cannelle.

CONSEIL

Cette recette facile et rapide ne nécessite aucun temps de repos au congélateur, mais les lamelles de mangue doivent absolument être encore surgelées lorsque vous les passez au mixeur !

Granité de pastèque au chocolat

PRÉPARATION : 5 MIN

REPOS : 6 H

POUR 8 À 10 PERSONNES

1/2	pastèque (1 kg de chair environ)
Le jus de 1/2	citron
80 g	de sucre glace
1 c. à c.	de gelée de poivre ou 1/2 c. à c. de poivre fraîchement moulu
1 c. à s.	de vinaigre balsamique
50 g	de copeaux de chocolat

Détachez la chair de la pastèque de son écorce en enlevant toutes les parties blanches. Retirez les pépins s'il y en a. Mixez cette chair avec le jus de citron, le sucre glace, le poivre et le vinaigre balsamique. Versez dans un saladier et mettez au congélateur pour 6 h en mélangeant à la fourchette toutes les 2 h.

Juste avant de servir, ajoutez les copeaux de chocolat, mélangez et servez dans des coupes.

CONSEIL

Il est important de n'ajouter le chocolat qu'au dernier moment car le froid bloquerait sa saveur.

Ce granité est tout aussi délicieux sans poivre, mais je trouve qu'il relève très bien la saveur ronde de la pastèque. Vous pouvez aussi le remplacer par de la gelée de piment d'Espelette.

PRÉPARATION : 15 MIN

Mon irrésistible carrot cake

CUISSON : 1 H

POUR 8 À 10 PERSONNES

GÂTEAU

500 g	de carottes
3	œufs
180 g	de vergeoise
10 cl	d'huile neutre (arachide, tournesol)
1 c. à c.	de cannelle moulue
1/2 c. à c.	de gingembre en poudre
2	clous de girofle
1	pincée de noix de muscade râpée
50 g	de Maïzena®
130 g	de farine
1/2	sachet de levure chimique
2 c. à s.	de polenta
80 g	de noix concassées
30 g	de dés de zeste d'orange confits

GLAÇAGE

150 g	de ricotta
1 c. à s.	de miel
2 c. à s.	de sucre glace
1 c. à s.	de lait

Préparez le gâteau : préchauffez le four à 160 °C (th. 5-6). Beurrez et farinez un moule à cake de 26 cm de long environ. Fouettez ensemble les œufs et la vergeoise pendant 1 min. Ajoutez l'huile et les épices, puis fouettez quelques instants. Ajoutez la Maïzena® et la farine tamisée avec la levure, la polenta, les noix et le zeste.

Épluchez les carottes, râpez-les à la grosse grille et incorporez-les au mélange. Versez la préparation dans le moule et enfournez pour 1 h. Démoulez tiède et laissez refroidir.

Préparez le glaçage : mixez tous les ingrédients et versez la crème obtenue sur la crête du gâteau.

CONSEIL

Décorez de noix concassées sautées à la poêle avec du sucre et un peu de beurre. Ce gâteau peut se conserver 4 jours au réfrigérateur, bien emballé. La polenta absorbe l'humidité des carottes et donne un petit croustillant inimitable. Selon les goûts et les humeurs, vous pouvez remplacer 2 c. à s. d'huile par de l'huile d'argan ou de noix et les zestes d'orange par du gingembre confit.

POUR 12 PERSONNES

1 kg	de rhubarbe (poids net après épluchage)
3 cm	de gingembre frais
200 g	de sucre
2	gousses de vanille
60 g	de beurre demi-sel

Lavez les tiges de rhubarbe et épluchez-les en tirant les filaments extérieurs. Coupez-les en tronçons de 1 à 2 cm.

Épluchez le gingembre et coupez-le en 4 tranches dans la longueur.

Mettez la rhubarbe, le gingembre, le sucre, les graines et les gousses de vanille dans un sautoir. Mélangez et laissez macérer 30 min.

Portez sur le feu et laissez cuire en mélangeant jusqu'à l'obtention d'une compote, pendant 20 min environ. Coupez le beurre en dés et ajoutez-le hors du feu. Mélangez et laissez refroidir. Retirez le gingembre et les gousses de vanille, puis servez accompagné de biscuits et/ou de glace.

PRÉPARATION : 10 MIN

CUISSON : 20 MIN

Compote de rhubarbe au gingembre

REPOS : 30 MIN

Gratin de figues, poivre et sel

PRÉPARATION : 15 MIN

CUISSON : 20 MIN

POUR 4 PERSONNES

500 g	de figues
70 g	de beurre demi-sel + 15 g pour le moule
25 g	de farine
30 g	de poudre d'amande
70 g	de sucre
1	sachet de sucre vanillé
2	pincées de poivre noir fraîchement moulu
2	blancs d'œufs
2 c. à s.	d'amandes effilées

Préchauffez le four à 200 °C (th. 7). Dans une casserole, faites fondre le beurre à feu moyen jusqu'à ce qu'il devienne noisette, c'est-à-dire légèrement doré.

Pendant ce temps, mélangez dans un grand bol la farine, la poudre d'amande, le sucre, le sucre vanillé et le poivre. Ajoutez les 2 blancs d'œufs et le beurre encore chaud. Mélangez.

Lavez et séchez les figues, coupez les queues, puis taillez-les en 3 lamelles dans la hauteur.

Beurrez un grand moule en terre ou quatre petits ramequins et répartissez-y les lamelles de figues bien serrées, en étoile. Versez le mélange aux amandes en veillant à ne pas trop couvrir les figues, puis enfournez. Laissez cuire 15 min. Réglez ensuite le four sur la position gril, saupoudrez d'amandes effilées et laissez gratiner quelques minutes.

Servez le gratin tiède accompagné de glace à la vanille.

POUR 4 PERSONNES

500 g	de prunes bien mûres
25 cl	de vin rouge
80 g	de sucre
4	gousses de cardamome
5	feuilles de citronnier

Lavez les prunes, coupez-les en deux et dénoyautez-les.

Dans une casserole, portez à ébullition le vin, le sucre, les gousses de cardamome écrasées et les feuilles de citronnier. Ajoutez les prunes et laissez cuire 15 min à feu moyen. Laissez refroidir.

Servez frais, tel quel, ou accompagné d'un yaourt vanillé.

CONSEIL

Diminuez ou augmentez la quantité de sucre selon la maturité des prunes.

Grâce à la présence du sucre et du vin, cette compote se conserve près de 15 jours au frais.

PRÉPARATION : 5 MIN

CUISSON : 15 MIN

Compotée de prunes aux feuilles de citronnier

Mini-pavlovas aux fruits des bois

PRÉPARATION : 20 MIN

CUISSON : 3 H

POUR 4 PERSONNES

MERINGUE

80 g de blancs d'œufs (2 très gros œufs)
55 g de sucre en poudre
55 g de sucre glace
1/2 citron vert (pour le zeste, facultatif)

CHANTILLY

30 cl de crème liquide
40 g de crème épaisse ou de mascarpone
30 g de sucre
1 gousse de vanille

GARNITURE

200 g de fruits des bois mélangés (fraises, framboises, mûres, petites cerises, etc.)
Sucre glace
Éclats d'amandes ou amandes effilées dorées ou pistaches caramélisées

CONSEIL

Pour que la crème monte sans difficulté, placez votre saladier dans un saladier plus grand rempli d'eau glacée. Cette technique est particulièrement recommandée en été.

Ce dessert est encore meilleur s'il est préparé 1 h à l'avance.

Préparez la meringue : préchauffez le four à 100 °C (th. 3-4) en fonction chaleur ventilée. Dans la cuve d'un batteur, fouettez les blancs d'œufs et incorporez le sucre en poudre quand ils sont déjà bien montés. Arrêtez le batteur, puis ajoutez le sucre glace et éventuellement le zeste de citron vert avec une spatule.

Sur une plaque couverte de papier cuisson, dressez 4 dômes de meringue en creusant un puits au centre. Enfournez et laissez cuire pendant 3 h. Laissez refroidir.

Préparez la chantilly : dans un saladier profond, mélangez les crèmes et montez-les au batteur électrique. Quand la chantilly est déjà bien montée, ajoutez le sucre et la vanille. Réservez au réfrigérateur.

Lavez les fruits et coupez les plus gros en deux. Dans chaque assiette, déposez une meringue, répartissez la chantilly au centre et décorez avec les fruits. Saupoudrez de sucre glace et d'amandes ou de pistaches.

« Le *bonheur* est un seul bouquet : confus *léger fondant* sucré. »

PAUL ÉLUARD

1	gros bocal de mirabelles au sirop
20 g	de beurre
1 c. à c.	de vanille en poudre
150 g	de chèvre frais
10 cl	de crème liquide
1 c. à s.	de miel liquide
	Poivre du moulin

Égouttez les mirabelles et conservez le sirop. Dans une grande poêle, faites caraméliser la moitié du sirop. Lorsqu'il est bien réduit et bien doré, ajoutez le beurre et la vanille en mélangeant. Ajoutez les mirabelles et mélangez jusqu'à ce qu'elles soient bien enrobées de caramel. Laissez compoter 2 min à feu doux.

Pendant ce temps, écrasez le chèvre frais pour l'assouplir, montez la crème en chantilly et ajoutez-la au chèvre. Quand la préparation est bien souple, ajoutez le miel et du poivre jusqu'à l'obtention d'une crème mousseuse et homogène.

Répartissez les mirabelles dans les assiettes, ajoutez la crème, puis saupoudrez-la éventuellement de biscuits écrasés. Servez sans attendre afin de ménager le contraste des températures.

Mirabelles à la crème de chèvre

PRÉPARATION : 10 MIN

CUISSON : 5 MIN

POUR 4 PERSONNES

Cranachan aux myrtilles et au son d'avoine

Versez la crème liquide dans un saladier et entreposez celui-ci pendant 15 min au congélateur.

Dans une poêle, faites revenir le son et le sucre roux jusqu'à ce qu'ils caramélisent, puis réservez. Réservez 12 belles myrtilles. Mettez les autres avec la cannelle dans la poêle, puis faites chauffer pendant 30 s sur feu vif. Réservez séparément le jus et les fruits.

Sortez la crème du congélateur et montez-la au batteur électrique. Ajoutez ensuite le jus des myrtilles, le whisky et le sirop d'agave, puis incorporez le fromage blanc.

Dans 4 verres ou verrines, superposez une couche de crème, une couche de myrtilles, puis une couche de son d'avoine caramélisé. Répétez l'opération une fois sans ajouter le son, puis réservez le tout au réfrigérateur pendant au moins 1 h.

Avant de servir, saupoudrez du reste de son, d'un voile de cannelle, et décorez avec les myrtilles réservées.

Dessert traditionnel écossais, le cranachan réunit deux produits phares du pays : l'avoine et le whisky ! Such an experience...

POUR 4 PERSONNES

400 g	de myrtilles
10 cl	de crème liquide entière
70 g	de son d'avoine
2 c. à s.	de sucre roux
1 c. à c.	de cannelle moulue
2 c. à s.	de whisky
2 c. à s.	de sirop d'agave ou de miel liquide
250 g	de fromage blanc battu

CONSEIL

À défaut de son, vous pouvez utiliser des flocons d'avoine.

PRÉPARATION : 10 MIN **RÉFRIGÉRATION : 1 H 15** **CUISSON : 5 MIN**

Melon glacé au lait de coco et sucre de palme

POUR 4 PERSONNES

2	petits melons ou 1 gros de 1 kg
20 cl	de crème de coco
55 g	de sucre de palme
1/2	bouquet de menthe fraîche
50 g	de groseilles
4 c. à s.	de glace pilée

Coupez la chair des melons en petits dés ou, à l'aide d'une cuillère parisienne, en petites billes. Portez la crème de coco à ébullition avec le sucre de palme en fouettant pour le diluer. Laissez refroidir.

Lavez la menthe, effeuillez-la, puis hachez les feuilles.

Répartissez les dés de melon dans des verres et couvrez de crème de coco. Saupoudrez de menthe hachée et ajoutez 1 c. à s. de glace pilée. Laissez tomber quelques groseilles sur la glace. Servez immédiatement.

CONSEIL

Arrosez éventuellement de jus de citron vert.

Vous pouvez préparer ce dessert à l'avance à condition de ne verser la glace pilée qu'au dernier moment.

PRÉPARATION : 10 MIN **CUISSON : 5 MIN**

POUR 6 PERSONNES

PRÉPARATION : 15 MIN

Salade de grenades à la fleur d'oranger

RÉFRIGÉRATION : 1 H

REPOS : 1 H

2	grenades
2 c. à s.	d'eau de fleur d'oranger
100 g	d'abricots secs
100 g	de dattes sèches
100 g	de figues sèches
Le jus de 2	oranges
2	branches de menthe
1 c. à s.	de sucre
1 c. à c.	de cannelle moulue

Coupez les fruits secs en petits dés, mettez-les dans un saladier et versez l'eau de fleur d'oranger. Laissez macérer pendant 1 h.

Pressez les oranges et réservez leur jus. Ouvrez les grenades et récupérez-en les graines. Lavez la menthe et ciselez-la. Ajoutez les graines de grenade aux fruits secs. Ajoutez le jus des oranges et le sucre. Mélangez et laissez mariner pendant 1 à 3 h au frais.

Au dernier moment, ajoutez la menthe, saupoudrez de cannelle, puis servez dans des bols.

CONSEIL

Pour gagner du temps, vous pouvez passer les dés de fruits secs arrosés d'eau de fleur d'oranger au four à micro-ondes pendant 1 min à 700 W.

Vous pouvez coiffer cette salade de 1 c. à s. de crème fraîche. Si le jus des oranges est bien sucré, n'ajoutez pas de sucre.

Ne préparez pas cette salade plus de 3 h à l'avance car les fruits risqueraient de devenir pâteux.

POUR 2 PERSONNES

4	tranches de pain de mie sans la croûte
150 g	de fraises savoureuses
1	belle branche de basilic
4 c. à s.	rases de marmelade d'orange
Le jus de 1/2	citron
	Poivre noir

Coupez chaque tranche de pain en deux triangles. Lavez et ciselez le basilic. Réservez-en la moitié et ajoutez le reste à la marmelade d'orange. Tartinez les 8 triangles de pain de ce mélange sans trop appuyer.

Lavez rapidement les fraises, équeutez-les et coupez-les en lamelles de 5 mm d'épaisseur environ. Déposez-les sur le pain en les superposant légèrement. Pressez le jus du citron et arrosez-en les fraises. Donnez un tour de moulin à poivre, saupoudrez du reste de basilic et refermez les sandwichs.

Déposez-les sur le rebord d'un toaster pour qu'ils restent à l'horizontale, et faites chauffer. La chaleur montante doit imprimer une belle bande dorée sur la base des sandwichs. Retirez-les et servez sans trop attendre, de manière à ce que le côté doré soit visible.

CONSEIL

Vous pouvez aussi toaster ces sandwichs sur un gril, mais évitez le toasteur, qui ferait tomber les fraises.

Sandwich fraises-basilic

PRÉPARATION : 10 MIN

Soufflé mangue et citron vert

PRÉPARATION : 20 MIN

CUISSON : 25 MIN

POUR 6 PERSONNES

Préparez la crème pâtissière : portez à ébullition le lait avec la gousse de vanille grattée. Pendant ce temps, fouettez le sucre avec les jaunes d'œufs jusqu'à ce que le mélange blanchisse. Ajoutez la farine et fouettez de nouveau. Versez progressivement le lait bouillant sur les œufs en fouettant. Remettez sur le feu et faites épaissir en mélangeant sur feu moyen. Pour que la préparation refroidisse rapidement, transvasez-la dans un autre récipient. Filmez et laissez refroidir complètement.

Préparez le soufflé : préchauffez le four à 200 °C (th. 7). Épluchez la mangue et mixez la moitié de la chair avec le jus du citron vert. Incorporez 80 g de cette purée à la crème pâtissière et réservez le reste au frais. Coupez l'autre moitié de la mangue en petits cubes.

Beurrez soigneusement six ramequins et sucrez-les. Laissez reposer au frais.

Montez les blancs d'œufs en neige ferme en ajoutant le sucre à la fin, puis le sel. Incorporez-les à la crème en trois ou quatre fois, en soulevant le tout avec une spatule. Ajoutez les cubes de mangue, puis répartissez dans les ramequins. Tapotez-les pour que la préparation tombe bien au fond.

Enfournez à mi-hauteur et laissez cuire 17 min. Pour vérifier la cuisson, sortez un soufflé (ce sera le vôtre, tant pis !) : il doit être cuit mais encore très onctueux au centre. Servez-les tout de suite, accompagnés du reste de purée de mangue, éventuellement additionnée de rhum.

CONSEIL

Les ramequins peuvent être remplis à ras bord.

CRÈME PÂTISSIÈRE

15 cl	de lait entier
1	gousse de vanille
20 g	de sucre
3	jaunes d'œufs
25 g	de farine

SOUFFLÉ

1	mangue bien mûre
Le jus de 1/2	citron vert
6	blancs d'œufs
20 g	de sucre
1	pincée de sel

PRÉPARATION : 15 MIN

Soupe d'oranges à la sévillane

REPOS : 12 H

CUISSON : 10 MIN

J'ai eu la chance de visiter plusieurs fois Séville, et à chaque fois l'émerveillement fut aussi intense. Grecs, Romains, Arabes, Juifs, Gitans, tous ces peuples ont laissé des traces de leur passage sur cette bande de terre prodigue, tampon entre deux continents. L'influence arabe est sans doute la plus perceptible dans l'architecture comme dans la cuisine, notamment dans le registre pâtissier. Les Maures – les musulmans ayant conquis l'Espagne dès le VIIIe siècle – ont en effet apporté les oranges et bon nombre d'épices en Europe via l'Andalousie. Ironie de l'histoire, ce sont les nonnes qui, depuis l'Inquisition, ont repris le flambeau de cette pâtisserie orientale. Cette salade est un modèle de simplicité et de légèreté, reposant sur la rencontre de trois ingrédients omniprésents en Andalousie : le miel, le safran et l'orange.

POUR 4 PERSONNES

2	oranges à jus
2	oranges à bouche
1 bonne c. à s.	de miel
1 c. à s.	de sucre
2	doses de safran en filaments
	Menthe fraîche

La veille, pressez le jus des oranges à jus. Portez à ébullition la moitié du jus avec le miel, le sucre et le safran, puis laissez frémir 2 min à petits bouillons. Ajoutez le reste du jus et laissez refroidir.

Pelez à vif les oranges à bouche et coupez-les en rondelles de 1 cm d'épaisseur, puis chaque rondelle en 4 triangles. Déposez-les dans un plat creux et arrosez de jus. Laissez reposer 1 nuit au réfrigérateur.

Le jour même, servez la soupe décorée de menthe ciselée.

CONSEIL

Si vous n'avez pas de safran, remplacez-le sans scrupule par de la cannelle !

Enfance

« Si l'on veut
retrouver
sa jeunesse,
il suffit
d'en répéter
les erreurs. »

OSCAR WILDE

POUR 8 PERSONNES   PRÉPARATION : 20 MIN   CUISSON : 30 MIN   REPOS : 1 H

Préchauffez le four à 160 °C (th. 5-6). Faites fondre le chocolat cassé en morceaux avec le beurre dans le four à micro-ondes ou au bain-marie.
Dans un grand saladier, mélangez les flocons d'avoine, le lait en poudre, la levure et la vanille.
Incorporez les œufs en mélangeant après chaque ajout, puis la vergeoise ou le sucre roux.
Versez le chocolat sur ce mélange.
Incorporez les noix et mélangez jusqu'à ce que la préparation soit homogène.
Versez dans un petit moule carré beurré, de 20 cm de côté environ.
Enfournez et laissez cuire 30 min.
Démoulez tiède et laissez refroidir.
Pour préparer le glaçage, faites fondre le beurre avec le chocolat en morceaux. Incorporez la crème.
Étalez sur le dessus du gâteau.
Laissez au frais 1 h au moins et servez coupé en carrés.

Brownies aux flocons d'avoine

CONSEIL

La levure de bière apporte de la légèreté, mais elle n'est pas indispensable. Vous pouvez préparer ce gâteau sans en utiliser.

Vous pouvez ajouter 60 g de figues sèches coupées en dés.

200 g	de chocolat noir à 55 % de cacao
50 g	de beurre demi-sel
75 g	de flocons d'avoine
25 g	de lait en poudre
1 c. à s.	de levure de bière
1 c. à c.	de vanille en poudre
2	œufs
40 g	de vergeoise ou de sucre roux
50 g	de noix de pécan

GLAÇAGE

80 g	de chocolat noir
30 g	de beurre
1 c. à s.	de crème liquide

Cake au citron de Menton

Préchauffez le four à 210 °C (th. 7). Râpez le zeste des citrons et pressez le jus. Beurrez et sucrez un moule à cake. Fouettez le beurre mou avec le sucre et la vanille, ajoutez les œufs un par un, puis le zeste et le jus.

Ajoutez la farine tamisée avec la levure. Ne travaillez pas trop la pâte.

Quand elle est homogène, versez-la dans le moule.

Enfournez et laissez cuire 3 min, puis diminuez la température du four à 170 °C (th. 6).

Laissez cuire de 50 min à 1 h.

Démoulez le cake quand il est encore tiède.

2	citrons de Menton
150 g	de beurre mou
150 g	de sucre
1/2	gousse de vanille ou 1 c. à c. de vanille liquide
3	gros œufs
250 g	de farine
1/2	sachet de levure chimique

CUISSON : 1 H

PRÉPARATION : 10 MIN

POUR 1 CAKE

POUR 6 PERSONNES

PRÉPARATION : 10 MIN

CUISSON : 20 MIN

Cake mi-cuit au chocolat et aux fruits secs

Préchauffez le four à 220 °C (th. 7-8). Coupez les fruits secs en lamelles. Faites fondre le chocolat au bain-marie ou dans le four à micro-ondes. Dans un saladier, mélangez la poudre d'amande et le sucre. Incorporez le beurre mou, le chocolat, puis les fruits secs et les noix. Montez les blancs d'œufs en neige avec le sel et ajoutez-les à la préparation. Versez celle-ci dans un moule à cake beurré. Faites cuire 13 min. Laissez refroidir avant de démouler. Entreposez au réfrigérateur 3 h au moins avant de servir.

40 g de figues sèches (ou autres fruits secs : abricots, dattes...)
120 g de chocolat noir à 70 % de cacao
40 g de poudre d'amande
90 g de sucre
120 g de beurre mou
40 g de noix
4 blancs d'œufs
1 pincée de sel

CUISSON : 40 À 45 MIN

Préchauffez le four à 210 °C (th. 7) en chaleur statique.
Mélangez la farine et le sucre, puis ajoutez les œufs.
Fouettez vigoureusement.
Dans une casserole, faites tiédir très légèrement le lait avec les graines de la gousse de vanille.
Ajoutez le lait au mélange en fouettant. Beurrez généreusement un grand plat en terre ou en verre, puis disposez régulièrement les mirabelles au fond.
Versez la préparation dessus et couvrez de lamelles de beurre.
Enfournez et laissez cuire de 40 à 45 min. Servez à température ambiante.

PRÉPARATION : 10 MIN

Le farz aux mirabelles

300 g	de mirabelles
200 g	de farine
250 g	de sucre
4	œufs
1 l	de lait entier (si possible cru ou thermisé)
1	gousse de vanille
30 g	de beurre salé

CONSEIL

Je préfère ne pas dénoyauter les mirabelles, cela leur donne plus de volume et de tenue.

Coulants au chocolat et caramel au beurre salé

300 g	de chocolat noir
100 g	de beurre
6	œufs
100 g	de sucre
50 g	de farine
	Fleur de sel

CARAMEL

100 g	de beurre demi-sel
200 g	de cassonade
160 g	de crème liquide entière

CONSEIL

Si vous n'entreposez pas ces coulants au réfrigérateur, faites-les cuire 6 min.

2 h ou plus avant de servir, préparez les coulants : faites fondre le chocolat avec le beurre. Battez vivement les œufs avec le sucre, puis ajoutez-les au mélange au chocolat ainsi que la farine. Versez dans six ramequins beurrés et sucrés, puis placez au frais pour au moins 2 h.
Préparez le caramel : dans une casserole, mettez le beurre et le sucre. Mélangez constamment sur feu vif jusqu'à ce que le mélange caramélise. Lorsqu'il est bien blond, retirez du feu et ajoutez la crème. Attention aux éclats ! Mélangez sur le feu jusqu'à ce que le caramel soit homogène. Laissez éventuellement réduire quelques minutes si vous le souhaitez plus épais.
Réservez au réfrigérateur au moins 1 h avant de servir. Vous n'aurez ensuite qu'à réchauffer ce caramel sur feu doux.
Avant de servir, préchauffez le four à 240 °C (th. 8) en fonction chaleur ventilée. Saupoudrez la surface des gâteaux de sucre et de fleur de sel, puis enfournez pour 8-9 min. Ils doivent être pris sur le dessus mais rester liquides à l'intérieur : mélangez-les, vous devez les sentir souples sous la croûte.
Retirez du four. Démoulez avec précaution et sans vous brûler ! Accompagnez du caramel tiède.

POUR 6 PERSONNES
PRÉPARATION : 15 MIN
CUISSON : 15 MIN
REPOS : 2 H

CUISSON : 50 MIN

PRÉPARATION : 20 MIN

POUR 8 PERSONNES

Inoubliable gâteau aux pommes caramélisées

Goûté dans la région des Flandres, reproduit par mes soins, puis modifié chaque fois qu'il passait dans mon four, ce gâteau a connu bien des étapes avant de se retrouver dans ce livre. Il n'en reste pas moins l'un de mes favoris. Le fait de verser le beurre mêlé à la vergeoise une fois la cuisson de la pâte amorcée permet de caraméliser la surface des pommes et du gâteau, sans sucrer ni alourdir l'intérieur. Disons-le, c'est une tuerie !

Préchauffez le four à 180 °C (th. 6). Dans un saladier, mélangez tous les ingrédients de la pâte. Versez-la dans un moule à tarte à bords hauts et à fond amovible beurré de 25 à 27 cm de diamètre. Épluchez les pommes et coupez-les en quartiers. Enfoncez-les dans la pâte, enfournez et laissez cuire 30 min. Sortez la tarte du four, mélangez le beurre fondu et la vergeoise, puis versez sur la tarte. Enfournez et laissez cuire 20 min supplémentaires.

PÂTE

140 g	de farine
120 g	de sucre
10 cl	de lait
70 g	de beurre
1	gros œuf
3 c. à s.	d'huile neutre
40 g	de poudre d'amande
1/2	sachet de levure chimique

GARNITURE

3	grosses pommes reinettes ou boskoop (700 g)
100 g	de beurre demi-sel fondu
80 g	de vergeoise blonde

CONSEIL

Vous pouvez également utiliser des pommes vertes, dont l'acidité compensera le sucre, très présent dans cette recette.

POUR 6 PERSONNES PRÉPARATION : 15 MIN CUISSON : 20 MIN REPOS : 1 H

Préchauffez le four à 180 °C (th. 6).
Faites fondre les chocolats sur feu très doux ou dans le four à micro-ondes. Quand ils commencent à fondre, ajoutez le beurre coupé en morceaux. Mélangez jusqu'à ce que l'ensemble soit fondu.
Concassez les noix. À l'aide d'un batteur électrique, fouettez les œufs avec le sucre et les graines de la gousse de vanille pendant 30 s.
Ajoutez progressivement les chocolats et le beurre fondus, puis la farine tamisée et la fleur de sel. Enfin, ajoutez les noix et mélangez.
Versez cette préparation dans un moule carré de 20 cm de côté environ, ou dans un petit moule à manqué, ou dans des petits moules à bouchées beurrés. Enfournez à mi-hauteur et faites cuire 17 min.
Préparez un plat plus grand que le moule choisi et remplissez-le à moitié d'eau glacée.
Sortez le gâteau du four et plongez-le, sans l'avoir démoulé, dans l'eau.
Laissez refroidir ainsi. Patientez au moins 1 h après la fin de la cuisson pour servir ces fondants.

Mon fondant ultra chocolat

120 g	de chocolat noir à 70 % de cacao
80 g	de chocolat noir à 55 % de cacao
170 g	de beurre + 15 g pour le moule
3	gros œufs (200 g)
150 g	de sucre
1	gousse de vanille
50 g	de farine
60 g	de noix de pécan (ou de noix)
1	bonne pincée de fleur de sel

CONSEIL

Ce gâteau est meilleur après 1 nuit passée au réfrigérateur. Servez-le tiédi ou froid avec de la glace vanille ou de la crème fouettée au sucre vanillé.

« Tendre
vers l'achevé,
c'est revenir
à son point
de départ. »

COLETTE

POUR 8 PERSONNES

PRÉPARATION : 15 MIN

CUISSON : 20 MIN

REPOS : 2 H

Tatin des sœurs

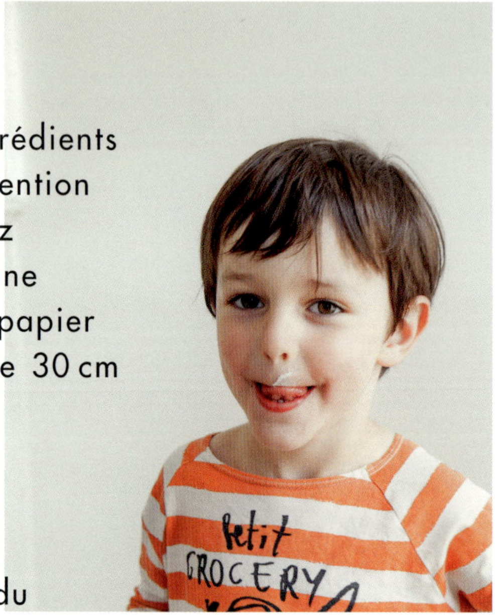

Préparez la pâte : placez tous les ingrédients dans un mixeur et mixez jusqu'à l'obtention d'un crumble. Versez 5 cl d'eau, mixez de nouveau brièvement, puis formez une boule. Déposez-la entre 2 feuilles de papier cuisson, puis étalez-la en un disque de 30 cm de diamètre. Mettez au réfrigérateur pour au moins 2 h.

Épluchez les pommes et coupez-les en quartiers. Dans un moule à manqué allant sur le feu, versez le beurre fondu et faites-le tourner pour qu'il recouvre les parois. Saupoudrez de sucre le fond sans le faire remonter sur les parois.

Placez les quartiers de pommes à la verticale en les serrant bien. Logez les chutes dans les intervalles. Déposez la pâte sur les pommes et rabattez les bords vers l'intérieur.

Préchauffez le four à 250 °C (th. 8).

Faites cuire la tarte 12 min sur feu vif, baissez en cours de cuisson à feu moyen si vous sentez que les pommes cuisent trop vite. Juste avant d'enfourner, allumez le gril et placez la tarte au milieu du four. Laissez cuire 7 min environ et surveillez en permanence pour que la pâte ne brûle pas.

Démoulez-la chaude et servez-la tiède.

C'est aux confins de la Sologne, dans le joli village percheron de La Perrière, que Laurent a bien voulu me confier cette recette, issue directement des sœurs Tatin *themselves* ! Une cuisson menée en moins de 20 min tout compris, principalement sur le feu : la vraie recette des sœurs est bien loin de toutes les versions qu'on leur attribue, toutes plus sophistiquées et savantes les unes que les autres. Selon Laurent, à l'époque de son invention, c'est-à-dire la fin du XIXe, la tarte ne passait même pas au four — il y en avait rarement dans les cuisines : on plaçait une sorte de grand couvercle de fer conique dans le feu avant de le déposer au-dessus de la pâte pour achever sa cuisson et créer un « effet four ». Ces couvercles ayant disparu et les fours s'étant répandus, on achève désormais la cuisson dans un four très chaud. Je vous laisse tester, et vous verrez que, souvent, les recettes gagnent à revenir à leurs origines.

1,8 kg	de pommes goldens
50 g	de beurre fondu
50 g	de sucre

PÂTE BRISÉE

240 g	de farine
125 g	de beurre
1	jaune d'œuf
10 g	de sucre
4 g	de sel

100 g	de chocolat noir à 50 % de cacao
200 g	de chocolat noir à 70 % de cacao
125 g	de beurre
6	œufs
125 g	de sucre + 20 g pour le moule
1	gousse de vanille (facultatif)
1	pincée de sel
	Sucre glace

CONSEIL

Consommez ce gâteau dans les 48 h si vous le gardez dans un endroit frais ou dans les 4 ou 5 jours qui suivent si vous le placez au réfrigérateur. Dans ce cas, pensez à le sortir 1 ou 2 h avant de le servir. Il se conserve également très bien au congélateur.

J'aime ce gâteau croûté sur le dessus mais à peine cuit dessous.

Pour un effet truffé, entreposez-le 1 h au réfrigérateur avant de le servir.

CUISSON : 20 MIN

PRÉPARATION : 15 MIN

POUR 6 PERSONNES

Gâteau-mousse craquelé au chocolat

Préchauffez le four à 230 °C (th. 8).
Cassez les chocolats en carrés et faites-les fondre au bain-marie. Coupez le beurre en morceaux, ajoutez-les aux chocolats, mélangez, puis remettez à fondre 30 s supplémentaires. Mélangez de nouveau et mettez de côté. Fouettez les jaunes d'œufs avec 75 g de sucre et les graines de la gousse de vanille, jusqu'à ce que le mélange commence à mousser. Fouettez les blancs d'œufs en neige avec le sel, en veillant à ce qu'ils ne deviennent pas trop fermes. Ajoutez le reste de sucre juste avant d'arrêter de fouetter. Ajoutez les jaunes d'œufs aux chocolats fondus, puis incorporez délicatement les blancs en neige.
Versez dans un moule à tarte beurré et sucré de 25 cm de diamètre environ, puis enfournez sur une grille placée dans le tiers supérieur du four. Laissez cuire 5 min, puis baissez la température du four à 180 °C (th. 6) et laissez cuire encore 10 min. Sortez du four et laissez tiédir ou complètement refroidir. Saupoudrez de sucre glace avant de servir.

REPOS : 13 H
CUISSON : 20 MIN
PRÉPARATION : 15 MIN
POUR 2 POTS DE 40 CL

Confiture de figues, noix et vanille

1 kg	de figues mûres à point
130 g	de cerneaux de noix
600 g	de sucre
1	gousse de vanille
Le jus de 1/2	citron

La veille, rincez les figues sous l'eau fraîche, ôtez leur queue, puis coupez-les en lamelles de 5 mm d'épaisseur. Placez-les dans une bassine à confiture – une sauteuse ou une cocotte à fond large conviennent aussi – et ajoutez le sucre. Fendez en deux la gousse de vanille et grattez les graines au-dessus. Ajoutez-la, ainsi que le jus de citron. Mélangez, couvrez et laissez reposer à température ambiante pendant 1 h. Portez la confiture sur le feu et donnez un bouillon sans cesser de mélanger. Ajoutez les noix, puis retirez du feu et versez dans un grand saladier. Laissez refroidir avant de mettre au réfrigérateur pour 12 h environ.
Le jour même, faites chauffer de l'eau dans une casserole, trempez-y les pots et retournez-les sur un linge sans les sécher : ceci permet de les stériliser. Laissez-les s'égoutter. Remplissez-les à la louche, à ras bord, puis vissez leur couvercle.

CONSEIL

La quantité de sucre dépend de la maturité des figues. Personnellement, je préfère en mettre assez peu et utiliser des figues bien mûres et sucrées.

POUR 6 PERSONNES — PRÉPARATION : 15 MIN — CUISSON : 10 MIN — REPOS : 4 H

Glace mortelle aux marrons

« Mortelle », c'est ainsi que Pierre Hermé a qualifié cette glace. Imaginez ma fierté ! D'autant plus qu'elle est réalisée sans sorbetière, en trois coups de cuillère à pot. Le plus sorcier est de trouver de bons marrons au sirop. Je vous recommande ceux de la maison Imbert, à Aubenas. Commandez-les en brisures, ils seront moins chers ; il est inutile de se les procurer entiers pour cette recette.

300 g	de crème de marron
50 cl	de crème liquide
2 pincées	de fève tonka râpée ou de poivre long
4	jaunes d'œufs
150 g	de marrons à l'eau-de-vie ou de marrons cuits au sirop
1 larme	de whisky ou de rhum ambré (2 c. à c.)
60 g	de noix

CONSEIL

Pour finir le dessert, faites dorer des noix et des éclats de marrons confits au sirop dans une poêle, avec de l'huile de noix, pendant 5 min à feu vif, jusqu'à ce qu'ils caramélisent.

Mélangez la crème liquide et la crème de marron, ajoutez les pincées de fève tonka et faites chauffer sans bouillir. Retirez du feu et ajoutez les jaunes d'œufs un à un en fouettant à chaque ajout. Remettez la casserole sur feu doux sans cesser de mélanger, la préparation doit épaissir légèrement et napper la cuillère. Laissez refroidir.

Pendant ce temps, brisez les marrons en gros éclats, mais gardez-en 4 pour la déco, puis ajoutez-les ainsi que l'alcool. Réservez au congélateur. Mélangez à la fourchette toutes les heures pendant 4 h. Laissez ensuite reposer au congélateur, jusqu'au moment de servir.

Pour servir, aidez-vous de deux cuillères à soupe. Saupoudrez de noix concassées et torréfiées et d'éclats de marrons.

CUISSON : 15 MIN

PRÉPARATION : 5 MIN

POUR UNE DOUZAINE ENVIRON

Les massepains de Frédéric

Préchauffez le four à 180 °C (th. 6), sans ventilation. Mixez très finement les amandes. Mélangez-les avec le sucre et les blancs d'œufs.
Couvrez une plaque à pâtisserie de papier cuisson.
Prélevez une noisette de pâte, moulez-la à l'aide de deux cuillères à café, déposez-la sur le papier, puis poursuivez en espaçant les tas de 5 cm au moins.
Saupoudrez de sucre glace pour donner un aspect brillant et craquelé aux massepains.
Enfournez et laissez cuire 16 min.
Retirez du four et laissez tiédir pendant 5 à 10 min pour qu'ils durcissent. Retournez la feuille et enduisez-la d'eau au pinceau pour décoller les massepains. Au-delà de 48 h, conservez-les dans une boîte hermétique ou au réfrigérateur.

CONSEIL

La cuisson varie selon les fours, la granulométrie des amandes et du sucre, à vous de trouver le temps juste.

150 g	d'amandes (dont 1/3 non mondées)
150 g	de sucre roux
2	blancs d'œufs (75 g)
	Sucre glace

POUR 10 FOUGASSES PRÉPARATION : 20 MIN CUISSON : 30 MIN REPOS : DE 6 À 7H

La fougasse mentonnaise

Faites macérer les raisins secs dans l'eau de fleur d'oranger pendant au moins 3 h. Délayez la levure dans l'eau tiède.
Égouttez les raisins et conservez l'eau de fleur d'oranger.Pétrissez à la main la farine, le beurre fondu, le sucre, l'huile, le jus de raisin, l'eau de fleur d'oranger, le sel et la levure. Ajoutez la poudre d'amande, les raisins, les pignons, l'anis vert et le zeste de citron ; la pâte doit avoir la consistance d'une pâte à pain un peu molle.
Mettez-la dans un saladier et couvrez d'un torchon. Laissez lever de 2 à 3 h dans un endroit tiède. Étalez la pâte du bout des doigts dans un plat beurré à bord haut de 36 cm de diamètre et laissez lever 1 h supplémentaire. Préchauffez le four à 180 °C (th. 6).
Au moment d'enfourner, ajoutez quelques dragées et des fenouillettes sur la fougasse, puis laissez cuire 30 min. À la sortie du four, vaporisez d'eau de fleur d'oranger et saupoudrez de sucre.

Une révélation ! Pour moi, comme pour vous probablement, la fougasse est un pain moelleux enrichi d'huile et d'olives, servi à l'apéritif.
En réalisant un épisode de mes Carnets à Monaco, j'ai découvert qu'elle pouvait aussi prendre la forme de petits sablés multicolores garnis d'amandes, de dragées et de graines d'anis blancs et rouges, couleurs du drapeau monégasque. Un an plus tard, me voilà à Menton. Bien que frontalière de Monaco, la ville s'enorgueillit d'une fougasse qui n'a rien à voir avec les deux premières : celle-ci est une sorte de brioche aux accents méditerranéens qui n'a de commun avec sa voisine que les dragées et l'anis. Malgré mes origines monégasques, je reconnais avoir un petit faible pour la version mentonnaise, voyage au cœur d'un Orient gourmand et sensuel : irrésistible.
Merci à Jean-Marc, qui est également l'auteur des barbajuans, autre pépite mentonnaise (p. 236).

- **50 g** de raisins secs
- **100 g** d'eau de fleur d'oranger
- **1 cube** de levure de boulanger
- **10 cl** d'eau tiède
- **500 g** de farine
- **100 g** de beurre fondu
- **100 g** de sucre
- **100 g** d'huile d'arachide
- **100 g** de jus de raisin
- **50 g** de poudre d'amande
- **50 g** de pignons de pin
- **1 c. à c.** d'anis vert
- **1** citron (zeste)
- **1** pincée de sel
- Dragées
- Fenouillettes (graines de fenouil sucrées et colorées)

CONSEIL

La recette originale utilise du vin blanc mais le jus de raisin est plus adapté aux enfants !

Mon gâteau d'anniversaire chocolat praliné

Pour une présentation encore plus soignée, coupez ce gâteau en parts et coulez le glaçage sur chacune d'elles. Décorez de noisettes grillées.

GÂTEAU

200 g	de chocolat noir à 55 % de cacao
130 g	de beurre + 10 g pour le moule
5	œufs
1 c. à c.	de vanille en poudre
125 g	de sucre + 2 c. à s.
50 g	de poudre d'amande
1	pincée de sel

FOURRAGE

180 g	de noisettes
80 g	de sucre glace
10 cl	de crème liquide
50 g	de chocolat au lait

GLAÇAGE

200 g	de chocolat noir à 55 % de cacao
25 cl	de crème liquide
1 c. à s.	d'huile neutre

POUR 12 PERSONNES PRÉPARATION : 30 MIN CUISSON : 35 MIN REPOS : 3 À 5 H

Préparez le gâteau : préchauffez le four à 170 °C (th. 6). Cassez le chocolat en petits morceaux et faites-les fondre au bain-marie. Ajoutez le beurre en morceaux et mélangez pour le faire fondre.
Dans un saladier, versez les jaunes d'œufs, la vanille et le sucre, puis fouettez jusqu'à ce que le mélange mousse et blanchisse. Incorporez la poudre d'amande. Mélangez soigneusement. Montez les blancs d'œufs en neige au fouet avec le sel. Ajoutez 2 c. à s. de sucre quand ils sont déjà bien montés et fouettez encore 30 s. Incorporez-les délicatement au mélange au chocolat en soulevant la masse avec une spatule. Beurrez un moule à manqué de 22 cm de diamètre. Versez-y la préparation et enfournez pour 20 min. À la fin de la cuisson, laissez tiédir avant de placer au réfrigérateur pour au moins 2 h afin de solidifier le gâteau.
Préparez le fourrage : faites dorer les noisettes au four pendant 10 min à 170 °C (th. 6). Retirez leur peau en les roulant entre vos doigts, puis concassez-les. Faites caraméliser le sucre dans une poêle, ajoutez la crème, puis 100 g de noisettes (réservez le reste pour le glaçage). Mélangez, puis versez le mélange dans la cuve du mixeur. Ajoutez le chocolat au lait en morceaux. Hachez le tout par à-coups, le but n'étant pas d'obtenir une purée. Sortez le gâteau du réfrigérateur et coupez-le à l'horizontal, en deux disques égaux. Sur le disque du haut, côté coupé, étalez le fourrage. Déposez-le sur l'autre disque et appuyez légèrement pour faire adhérer. Entreposez de nouveau au réfrigérateur.
Préparez le glaçage : cassez le chocolat en morceaux. Portez la crème liquide à ébullition dans une petite casserole et ajoutez le chocolat. Mélangez jusqu'à ce qu'il soit totalement fondu. Ajoutez les noisettes grillées concassées. Nappez le gâteau de cette préparation et entreposez-le au réfrigérateur pour 1 à 5 h maximum (au-delà, le glaçage risque de craqueler, mais le gâteau restera délicieux).

CUISSON : 50 MIN

PRÉPARATION : 15 MIN

POUR 8 À 10 PARTS

Pain d'épices

Préchauffez le four à 160 °C (th. 5-6), en fonction chaleur de sole et voûte. Faites fondre le beurre et laissez-le refroidir.
Pilez ensemble les clous de girofle, les graines d'anis, les graines récupérées dans les gousses de cardamome et le sel. Mélangez avec les autres épices.
Dans un saladier, versez la farine, le bicarbonate, les épices et le sel, puis mélangez au fouet pour éliminer les grumeaux.
Faites légèrement chauffer le miel pour qu'il atteigne environ 50 °C. Placez l'œuf dans un grand bol et fouettez-le en y ajoutant le miel chauffé. Ajoutez ensuite le lait et le beurre fondu. Incorporez progressivement au mélange sec. Mélangez et versez dans un moule à cake antiadhésif beurré et sucré. La préparation doit arriver aux deux tiers du moule.
Enfournez à mi-hauteur sur une grille. Laissez cuire 45 min. Tournez le moule en cours de cuisson afin d'avoir une cuisson homogène.
Laissez refroidir dans le moule pendant 10 min, démoulez, puis imbibez de vin à l'aide d'un pinceau.

C'est peu dire que j'ai testé 100 recettes de pain d'épices. Sans vouloir vous vendre la mienne, il me semble que celle-ci est la plus équilibrée. Ni trop de sucre ni trop d'épices, ni trop sec ni trop mou, ce pain-là a sonné le glas de mes essais, et j'espère qu'il entrera dans vos petits carnets de cuisine. Un conseil : utilisez des épices entières que vous broierez dans un petit mixeur avant de les glisser dans votre pain. Leur parfum sera bien plus délicat et puissant.

85 g	de beurre
3	clous de girofle
1/2 c. à c.	de graines d'anis vert
2	gousses de cardamome
1 c. à c.	de cannelle moulue
1 c. à c.	de gingembre en poudre
1 c. à c.	de mélange quatre épices
200 g	de farine bio T65
1 c. à c.	de bicarbonate de soude
240 g	de miel toutes fleurs
1	œuf moyen
85 g	de lait
5 cl	de vin doux
1	pincée de fleur de sel

CONSEIL

Une fois refroidi, emballez le pain d'épices dans du film alimentaire. Il est meilleur consommé le lendemain.

Vous pouvez remplacer la farine T65 par 80 g de farine de seigle et 120 g de farine blanche.

POUR 4 PERSONNES PRÉPARATION : 20 MIN CUISSON : 15 MIN CONGÉLATION : 5 H

Dans une petite casserole, versez le lait et 20 cl de crème liquide, puis portez à ébullition. Ajoutez la fève tonka et le chocolat, mélangez, retirez du feu et gardez au chaud. Réservez le reste de crème liquide au réfrigérateur. Dans un saladier, fouettez les jaunes d'œufs avec le sucre glace. Versez dessus une petite quantité de lait chocolaté en fouettant énergiquement. Continuez d'en verser en filet jusqu'à épuisement. Reversez le tout dans la casserole et laissez épaissir sur feu doux en mélangeant à la spatule pendant 10 à 15 min, sans vous arrêter. Vous devez obtenir la texture d'une crème anglaise épaisse. Versez de nouveau dans le saladier et laissez refroidir. Mélangez de temps en temps. À l'aide d'un batteur électrique, fouettez le reste de crème liquide bien froide en chantilly, puis incorporez-la au mélange. Conservez la préparation au congélateur pendant 5 h au minimum. Au bout de 1 h, mélangez énergiquement à l'aide d'un fouet. Recommencez deux fois à 1 h d'intervalle. Lorsque vous sortez la glace du congélateur, fouettez-la de nouveau avant de servir. Saupoudrez de fleur de sel, de copeaux de chocolat blanc, ou versez une goutte de vinaigre balsamique traditionnel de Modène.

Glace au chocolat amer sans sorbetière

CONSEIL

Préparez cette glace 5 ou 6 h à l'avance est idéal, mais vous pouvez aussi la laisser dans le congélateur durant plusieurs jours. Il faut alors que dès le départ vous l'ayez fouettée trois fois et à 1 h d'intervalle. Avant de servir, laissez-la ramollir à température ambiante pendant 20 min, puis passez-la au mixeur.

130 g	de chocolat noir à 70 % de cacao
25 cl	de lait entier ou demi-écrémé
35 cl	de crème liquide
1/3	de fève tonka râpée (facultatif)
2	jaunes d'œufs
20 g	de sucre glace

Merveilleux au chocolat

Préchauffez le four à 120 °C (th. 4), en fonction chaleur ventilée. Tracez deux cercles de 20 cm de diamètre sur une feuille de papier cuisson et placez-la sur une plaque à pâtisserie.
Préparez la meringue : montez les blancs d'œufs en neige, ajoutez progressivement le sucre et le sel, puis continuez de fouetter pendant 30 s. À l'aide d'une maryse, incorporez le sucre glace tamisé. Versez cette meringue dans une poche sans douille. Remplissez les cercles en commençant par le centre et en tournant en rond.
Enfournez et laissez cuire 2 h. Sortez ensuite la préparation du four et laissez refroidir à l'abri de l'humidité.
Préparez la mousse : placez la crème dans un grand plat creux et entreposez-la 10 min au congélateur. Faites fondre le chocolat au bain-marie, ajoutez le beurre en morceaux, mélangez et gardez tiède. Préparez le café.
Montez les blancs d'œufs en neige, incorporez le sucre et donnez quelques coups de fouet supplémentaires.
Montez la crème liquide froide en chantilly. Mélangez les blancs d'œufs au chocolat, ajoutez le café en mélangeant délicatement, puis incorporez la chantilly. Étalez un tiers de cette mousse sur le premier disque de meringue, disposez dessus le deuxième disque, enduisez-le du deuxième tiers de mousse, puis terminez par couvrir de la mousse restante.
À l'aide de la lame d'un couteau ou d'un emporte-pièce, raclez la surface de la tablette de chocolat pour réaliser des copeaux. Recouvrez le gâteau de ces copeaux, saupoudrez de sucre glace, puis de cacao. Laissez reposer au réfrigérateur pendant au moins 5 h.

POUR 8 PERSONNES PRÉPARATION : 25 MIN CUISSON : 2 H 10 REPOS : 5 H

Pâtisserie traditionnelle du Nord de la France, le merveilleux est aussi spectaculaire qu'il est simple dans sa composition : disques de meringue et chantilly parfumée (remplaçant avantageusement la traditionnelle crème au beurre). Personnellement, j'ai opté pour une mousse au chocolat noir enrichie d'un trait de café dont l'amertume me semble compenser idéalement le sucre de la meringue. L'occasion également de rendre hommage à Fred Vaucamps, pâtissier du Nord, qui a su moderniser ce gâteau et en faire un hit jusque dans la capitale. À vous de jouer, je vous garantis un joli succès !

MERINGUE

- **150 g** de blancs d'œufs (5 blancs environ)
- **150 g** de sucre
- **150 g** de sucre glace
- **1** pincée de sel

MOUSSE AU CHOCOLAT

- **250 g** de chocolat noir à 70 % de cacao
- **15 cl** de crème liquide
- **50 g** de beurre
- **1** petite tasse de café serré (4 cl)
- **4** blancs d'œufs
- **50 g** de sucre

DÉCO

- **150 g** de chocolat à 60 % de cacao en tablette
- Sucre glace
- Cacao

CONSEIL

Déposez ce gâteau sur un petit disque de carton pour le soulever sans le casser. Ne vous hâtez pas : si vous préparez la mousse à l'avance, elle fera masse et ne pourra plus être étalée ensuite.

« Rompre avec
les choses
réelles,
ce n'est rien.
Mais avec
les souvenirs !
Le cœur
se brise
à la séparation
des songes. »

CHATEAUBRIAND

Pain pas perdu pour tout le monde

POUR 4 PERSONNES
PRÉPARATION : 10 MIN
CUISSON : 5 MIN
REPOS : 1 H

Retirez la croûte du pain.
Mixez ensemble 40 g de sucre, la crème liquide, le lait, les jaunes d'œufs et les graines de la gousse de vanille. Versez dans un plat creux à fond plat et déposez les tranches de pain bien serrées.
Laissez-les se gorger de crème pendant 1 h au réfrigérateur en les retournant régulièrement. Elles doivent être souples avant la cuisson.
Faites chauffer le beurre dans une grande poêle, égouttez les tranches de pain et faites-les dorer à feu vif 1 min de chaque côté. Saupoudrez-les de sucre d'un côté, faites dorer, retournez-les, puis recommencez. Lorsqu'elles sont bien dorées et caramélisées, servez-les. Vous pouvez les accompagner de glace à la vanille.

Un pain perdu pour une saveur d'enfance retrouvée. La note boisée et légèrement acide du pain de campagne fait toute la différence !

4 tranches de pain de campagne au levain un peu rassies de 2 cm d'épaisseur environ
80 g de sucre
10 cl de crème liquide
10 cl de lait entier
3 jaunes d'œufs
1 gousse de vanille
30 g de beurre

La veille, préchauffez le four à 130 °C (th. 4-5) avec ventilation après y avoir glissé un plat rempli d'eau pour y cuire les crèmes au bain-marie. Cassez le chocolat en carrés et hachez-les finement au couteau ou au mixeur. Versez le lait et la crème dans une casserole, puis portez-les à frémissement. Retirez du feu et incorporez le chocolat haché et la fève tonka râpée. Remettez ensuite sur le feu et fouettez jusqu'à ce que le chocolat soit fondu. Réservez. Dans un saladier, fouettez les jaunes d'œufs avec le sucre. Ajoutez la crème chocolatée tout en mélangeant. À travers une passoire fine, répartissez la crème dans des ramequins. Déposez-les dans le bain-marie et vérifiez que l'eau dépasse de 0,5 cm au moins le niveau des crèmes. Faites cuire 1 h. Laissez refroidir avant de mettre au frais pour 1 nuit.
Le jour même, servez décoré de quelques noisettes grillées et concassées et d'une languette de craquant aux noisettes.

Petites crèmes au chocolat aux arômes de tonka

110 g	de chocolat noir à 70 % de cacao
15 cl	de lait entier
20 cl	de crème fraîche liquide
1/4	de fève tonka
3	jaunes d'œufs
60 g	de sucre
50 g	de noisettes grillées et concassées

CONSEIL

Cette crème se conserve jusqu'à 3 jours au réfrigérateur.

Attention la durée de cuisson dépend de vos récipients : plus leurs parois sont épaisses, plus la cuisson sera longue.

CUISSON : 35 MIN

PRÉPARATION : 15 MIN

POUR 6 À 8 PERSONNES

Préchauffez le four à 200 °C (th. 7) en fonction chaleur statique. Dans un saladier, fouettez les jaunes d'œufs avec le sucre roux, ajoutez la Maïzena® et fouettez de nouveau.
Ajoutez progressivement le lait en mélangeant pour éviter les grumeaux. Incorporez enfin le riz au lait, puis la cannelle.
Montez les blancs d'œufs en neige avec le sel et ajoutez-les au mélange en soulevant délicatement la préparation. Beurrez et sucrez un moule antiadhésif de 22 cm de diamètre et versez-y la préparation. Enfournez sur une grille et laissez cuire 35 min. Vérifiez la cuisson en secouant le moule : la tarte doit être prise sur le dessus mais encore liquide à l'intérieur.
Sortez du four, démoulez 5 min après et retournez de nouveau sur le plat de service.
Servez tiède ou froid. Saupoudrez de sucre glace et de cannelle.

CONSEIL

Le riz au lait que j'utilise n'est pas très sucré. Adaptez la quantité de sucre en fonction de la douceur de votre riz. Si votre riz au lait est coulant, faites-le recuire quelques minutes.

Tarte de riz au lait à la cannelle

Souvent nécessité fait loi. Après une série de tests de riz au lait, il m'en restait une bonne livre sur les bras, l'occasion d'imaginer un dessert à base de… riz au lait ! Un peu élastique comme un flan, cette tarte me rappelle les pâtisseries japonaises à base de farine de riz. Servez-la en fines parts, c'est riche, mais prévoyez qu'on y revienne !

500 g	de riz au lait pas trop liquide
4	gros œufs
70 g	de sucre roux
50 g	de Maïzena®
30 cl	de lait entier
1 c. à c.	de cannelle + un peu pour le décor
1	pincée de sel
	Sucre glace

Mousse chocolat, caramel de noix

Un de mes hits ! Cette mousse est tellement irrésistible qu'elle peut aisément se passer des noix et du caramel si vous êtes pressé.

MOUSSE AU CHOCOLAT

50 g	de chocolat au lait
150 g	de chocolat noir à 70 % de cacao
4	gros œufs
100 g	de sucre
100 g	de beurre mou
	Grué de cacao

CARAMEL DE NOIX

130 g	de noix
100 g	de sucre
10 cl	de crème liquide
	Sucre glace
	Fleur de sel

CONSEIL

Vous pouvez ajouter quelques grains de fleur de sel sur la mousse avant de la servir.

POUR 4 À 6 PERSONNES PRÉPARATION : 30 MIN CUISSON : 15 MIN REPOS : 2 JOURS

2 jours avant, préparez la mousse au chocolat : fouettez les œufs avec le sucre pendant 10 min jusqu'à l'obtention d'une belle mousse.
Pendant ce temps, faites fondre les chocolats cassés en morceaux au bain-marie ou dans le four à micro-ondes. Ajoutez ensuite le beurre coupé en morceaux et mélangez jusqu'à ce qu'il soit complètement fondu. L'ensemble doit être tiède. Versez le mélange dans un grand saladier. Incorporez progressivement les œufs battus en mélangeant avec une maryse, de haut en bas. Versez immédiatement la mousse dans un plat creux (ou des petits plats individuels). Saupoudrez de grué de cacao.
Mettez au réfrigérateur et laissez reposer idéalement pendant 2 jours.
Le jour même, préparez les noix : préchauffez le four à 180 °C (th. 6). Enfournez les noix et laissez-les rôtir de 8 à 10 min. Réservez.
Préparez le caramel : faites caraméliser le sucre dans une poêle, versez la crème et mélangez sur le feu jusqu'à ce que le mélange soit fondu. Ajoutez 10 cl d'eau et faites fondre de nouveau.
Mixez 30 g de noix jusqu'à l'obtention d'une crème onctueuse. Ajoutez-la au caramel, mélangez et gardez à température ambiante.
Lorsque la préparation a refroidi, ajoutez une pincée de fleur de sel. Concassez les noix restantes.
Avant de servir, couvrez les mousses de caramel tiédi et saupoudrez de brisures de noix et de sucre glace.

CUISSON : 25 MIN

PRÉPARATION : 20 MIN

POUR 6 PERSONNES

Pêches melba au miel de thym

Préchauffez le four à 160 °C (th. 5-6).
Portez à ébullition le miel avec le thym dans une petite casserole. Laissez reposer.
Épluchez les pêches et coupez-les en deux pour les dénoyauter. Placez-les dans un plat à gratin. Arrosez-les de miel et de jus de citron.
Enfournez pour 20 min. Laissez refroidir.
Faites dorer les amandes effilées dans une poêle sèche ou dans le four.
Juste avant de servir, montez la crème fleurette en chantilly, ajoutez l'extrait d'amande et le sucre glace, puis fouettez encore 30 s.
Dans des verres évasés ou des coupes, disposez 2 demi-pêches rôties froides, ajoutez 1 quenelle de glace à la vanille, 1 c. à s. de chantilly, puis les amandes effilées grillées.
Décorez avec 1 brin de thym frais.

Je reste fascinée par les inventions en cuisine. Les vraies, celles qui traversent les siècles et les frontières, inspirant des générations de cuisiniers. On ne peut protéger, déposer une recette de cuisine, tout le monde peut donc s'approprier ces créations. Mais si l'on n'est pas tenu de rémunérer les auteurs, ne les oublions pas pour autant. Cette pêche fut donc inventée à la fin du XIXe siècle par Auguste Escoffier, en l'honneur de la soprano Nellie Melba, reine lyrique de son époque. Sans son traditionnel coulis de framboise, mais avec une touche de thym qui sied si bien à la pêche, ce dessert rend honneur au grand codificateur de la cuisine française.

6 pêches blanches bien mûres
6 c. à s. de miel liquide
4 brins de thym + 1 pour la déco
1/2 citron (le jus)
Amandes effilées
30 cl de crème fleurette
Quelques gouttes d'extrait d'amande amère
3 c. à s. de sucre glace
50 cl de glace à la vanille

CUISSON : 30 MIN

PRÉPARATION : 10 MIN

POUR 6 PERSONNES

Tarte fine aux pommes de Monique

Une merveilleuse invention de ma belle-maman, Monique, dont la subtilité tient à l'ajout de sucre à la fin de la cuisson, ce qui évite aux pommes de détremper la pâte. Un comble de légèreté.

3	pommes pink lady fermes
50 g	de beurre
1	pâte feuilletée prête à dérouler
4 c. à s.	de cassonade

Préchauffez le four à 220 °C (th. 7-8) sans ventilation. Épluchez les pommes, coupez-les en deux, retirez le trognon et les pépins, et coupez-les en très fines lamelles. Faites fondre le beurre.

Déroulez la pâte sur son papier et posez-la sur une plaque de cuisson. Disposez-y les pommes en rosace.

Enduisez-les de beurre fondu au pinceau. Enfournez et laissez cuire 30 min.

Saupoudrez les pommes de sucre et écrasez-les avec une spatule pour que leur jus se mêle au sucre. Servez aussitôt.

La teurgoule de Philippe

Par l'utilisation du riz et de la cannelle, voire de la vanille, la teurgoule porte la trace du commerce des navires normands avec les colonies pendant l'Ancien Régime. Ce riz au lait à la normande se cuisait autrefois dans le four du boulanger, pour profiter de la chaleur résiduelle après la cuisson du pain. Certains ajoutent du beurre sur la croûte brunâtre en fin de cuisson. C'est un peu du vice, mais c'est diablement bon !

PRÉPARATION : 10 MIN

POUR 4 À 6 PERSONNES

1 l	de très bon lait entier
100 g	de sucre roux
10 bâtons	de cannelle (20 g) ou 1 c. à c. de cannelle en poudre
65 g	de riz rond
1	pincée de sel

Préchauffez le four à 150 °C (th. 5) en chaleur statique.
Dans une casserole, faites bouillir le lait avec le sucre et la cannelle. Filtrez. Versez le riz dans une grande terrine évasée (si possible en terre ou en porcelaine), couvrez de lait, ajoutez la pincée de sel, mélangez et enfournez. Laissez cuire 3 h 30. Sortez du four et laissez refroidir. Gardez à température ambiante. Servez avec une grosse cuillère en prenant à la fois du riz, de la crème et de la croûte.

CONSEIL

Les Normands ne mangent généralement pas la croûte, mais j'adore ce goût de confiture de lait.
Cette recette est très proche de la terrinée que l'on trouve dans la Manche. Il en existe de nombreuses variantes.
Pour un résultat un peu moins sucré, vous pouvez réduire un peu la quantité de sucre.

CUISSON : 40 MIN

PRÉPARATION : 10 MIN

POUR 6 À 8 PERSONNES

Granola cake aux pommes

150 g	de farine
1 c. à c.	de cannelle moulue
1/2	sachet de levure chimique
120 g	de beurre
50 g	de sucre
50 g	de vergeoise brune
1	œuf
1	grosse pomme canada
1	poignée de cranberries (35 g environ)
120 g	de granola
1	bonne pincée de sel

Préchauffez le four à 170 °C (th. 6).
Dans un saladier, mélangez la farine, la cannelle et la levure.
Faites fondre le beurre, puis ajoutez le sucre et la vergeoise.
Fouettez jusqu'à ce que le mélange soit mousseux, incorporez l'œuf et fouettez de nouveau.
Épluchez et râpez la pomme à la grosse grille. Ajoutez-la dans le saladier avec les cranberries, le granola, le sel et enfin le mélange sucre-beurre-œuf.
Mélangez intimement.
Beurrez un moule à savarin et répartissez-y la préparation.
Elle semble très solide, mais c'est normal, car les pommes vont libérer de l'eau durant la cuisson.
Tassez et enfournez pour 40 min.
Dégustez tiède ou froid.

CONSEIL

Pour cette recette, j'utilise le granola Sirop d'érable et noix de pécan de la marque Jordans®.

REPOS : 30 MIN

CUISSON : 20 MIN

PRÉPARATION : 20 MIN

POUR 8 PERSONNES

Tarte sablée chocolat praliné

Préchauffez le four à 180 °C (th. 6).
Faites fondre 45 g de beurre. Mixez finement les biscuits et mélangez-les au beurre fondu. Tapissez de cette préparation le fond amovible d'un moule à tarte sans remonter sur les bords. Enfournez et laissez cuire 8 min en surveillant ce fond de tarte : il doit blondir sans brûler. Sortez du four et laissez reposer au moins 15 min.
Faites fondre 40 g de beurre dans une petite casserole et ajoutez le praliné. Mélangez pour le détendre, puis versez-le sur le fond de tarte refroidi. Entreposez 10 min au congélateur pour que le praliné se fige.Pendant ce temps, versez la crème liquide dans une casserole et portez à frémissement. Hachez finement le chocolat avec un couteau, ajoutez-le à la crème hors du feu et mélangez vivement au fouet. Incorporez le beurre restant et l'huile. Versez directement sur la tarte, puis réservez au frais jusqu'à la dégustation.

150 g	de praliné (pâte vendue dans les épiceries fines ou chez les pâtissiers)
200 g	de biscuits secs (type galettes bretonnes ou sablés)
130 g	de beurre
20 cl	de crème liquide
200 g	de chocolat noir à 70 % de cacao
1 c. à s.	d'huile neutre

CONSEIL

Cette tarte peut se conserver jusqu'à 3 jours au réfrigérateur. Recouvrez de noisettes concassées.

500 g	de fraises
50 g	de sucre + 1 c. à s.
2 c. à s.	de marsala ou d'amaretto
2	œufs
400 g	de mascarpone
150 g	de crème liquide entière
16	boudoirs
	Amandes effilées
	Sucre glace

CONSEIL

Ce dessert se congèle très bien. Laissez-le revenir à température au réfrigérateur ou passez-le rapidement au four à micro-ondes sur mode décongélation avant de le servir.

Plus vous laisserez le tiramisu patienter au réfrigérateur, plus la crème sera ferme. Si vous n'avez pas le temps de le laisser reposer, ajoutez 100 g de mascarpone et 10 g de sucre pour le rendre plus dense.

Dans le coulis de fraise, vous pouvez remplacer la cuillère de sucre par du sirop de fraise.

Tiramisu aux fraises

REPOS : 48 H

CUISSON : 5 MIN

PRÉPARATION : 25 MIN

POUR 6 PERSONNES

2 jours avant, lavez et équeutez 150 g de fraises. Mettez-les dans une petite casserole avec 1 c. à s. de sucre.
Portez sur feu moyen, couvrez et laissez cuire 5 min à feu vif. Retirez du feu.
Mixez le mélange et versez-le dans une assiette creuse, puis ajoutez l'alcool.
Battez les jaunes d'œufs avec la moitié du sucre pour les blanchir et les rendre mousseux, puis ajoutez le mascarpone et fouettez énergiquement. Montez les blancs d'œufs en neige et ajoutez-les au mélange précédent avec le reste du sucre.
Fouettez la crème liquide pour la monter, elle doit être aérée mais rester souple.
Incorporez-la délicatement au mélange au mascarpone. Versez 1/3 de la crème dans un petit plat à gratin ou dans six bols ou verres évasés. Trempez rapidement les biscuits dans le coulis de fraise et déposez-les en rangs serrés sur la crème. Lavez, équeutez et coupez en deux 300 g de fraises, répartissez-les sur les biscuits, recouvrez du reste de crème, puis couvrez de film alimentaire.
Laissez reposer au frais 48 h avant de servir, en retirant le film 24 h avant. Le jour même, décorez des fraises restantes et d'amandes effilées grillées, puis saupoudrez de sucre glace.

REPOS : 1 NUIT

PRÉPARATION : 15 MIN

POUR 6 PERSONNES

Mousse au Toblerone®

La veille, cassez 200 g de Toblerone® en morceaux. Faites fondre au bain-marie le Toblerone® avec le chocolat. Ajoutez petit à petit le beurre coupé en morceaux, puis les jaunes d'œufs un par un, sans cesser de mélanger. Hachez grossièrement le reste de Toblerone®.
Fouettez les 6 blancs d'œufs en neige avec le sel, incorporez-les délicatement au mélange au chocolat, puis ajoutez les morceaux de Toblerone®.
Versez dans un saladier et placez au réfrigérateur pour au moins 1 nuit.
Avant de servir, décorez de copeaux de chocolat blanc et noir ou de miettes de Toblerone®.

250 g de Toblerone®
100 g de chocolat noir à 70 % de cacao
100 g de beurre
5 œufs + 1 blanc
1 pincée de sel
50 g de chocolat blanc (facultatif)

Pancakes au lait ribot

Dans un saladier, mélangez la farine, le sucre, la levure, le bicarbonate et le sel. Creusez un puits et réservez.
Faites fondre le beurre. Dans un deuxième bol, mélangez le lait fermenté, les œufs et le beurre fondu, puis versez le mélange dans le puits. Incorporez délicatement le liquide à l'aide d'un fouet ou d'une spatule, en prenant soin de ne pas trop travailler la pâte. La pâte à pancakes est semblable à la pâte à muffins dans la mesure où la présence de grumeaux ne pose pas de problème. Faites chauffer une poêle antiadhésive à feu moyen. Faites fondre une noisette de beurre salé, puis versez-y des petites louches de pâte espacées de 1 ou 2 cm. Après 3 min, de petites bulles éclatent à la surface des pancakes : c'est le moment de les retourner. Faites cuire l'autre côté 1 ou 2 min supplémentaires.
Servez-les chauds et arrosés de sirop d'érable, ça refroidit très vite !

POUR UNE DIZAINE DE PANCAKES

PRÉPARATION : 15 MIN

CUISSON : 5 MIN

250 g	de farine
60 g	de sucre
1/2 c. à c.	de levure chimique
2 c. à c.	de bicarbonate de soude
1/4	de c. à c. de sel
40 g	de beurre
40 cl	de lait fermenté ou lait ribot
2	œufs
	Beurre salé
	Sirop d'érable

CONSEIL

Mieux vaut utiliser la préparation sans attendre et éviter de la mettre au frais, l'action levante du bicarbonate est très fugace.

« Petite chère et grand accueil font joyeux festin. »

WILLIAM SHAKESPEARE

MINIATURES

CANTUCCI AMANDES, PISTACHES ET CITRON

POUR UNE CINQUANTAINE DE BISCUITS

3	gros œufs
250 g	de cassonade
	Le zeste de 1 citron non traité
250 g	de farine
150 g	d'amandes entières non pelées
100 g	de pistaches non salées

CONSEIL

Vous pouvez agrémenter cette recette d'épices comme de la vanille, de la cannelle, des graines d'anis, mais aussi de pépites de chocolat, de zestes d'agrumes, etc. J'aime aussi remplacer la moitié des amandes par un mélange noisettes-noix.

Préchauffez le four à 200 °C (th. 7) en fonction chaleur ventilée. Dans un saladier, cassez les œufs, ajoutez la cassonade et le zeste de citron râpé, puis fouettez avec un batteur électrique jusqu'à ce que la préparation mousse et blanchisse. Ajoutez alors progressivement la farine et continuez de fouetter jusqu'à ce qu'elle soit incorporée. Ajoutez enfin les amandes et les pistaches, puis mélangez. Pliez une feuille de papier cuisson de façon à créer 2 moules rectangulaires de 8 cm de large environ. Versez la pâte dans ces moules, étalez légèrement et enfournez. Laissez cuire 15 min ou jusqu'à ce que les pâtons soient dorés. Retirez du four et laissez refroidir 1 h environ.
Préchauffez le four à 150 °C (th. 5). À l'aide d'un couteau à pain, découpez les pâtons en fines tranches de 1 cm environ dans la largeur. Déposez ces tranches sur une plaque couverte de papier cuisson. Repassez-les au four pendant 13 à 15 min pour les sécher, selon le degré de croustillant que vous appréciez. Servez ces biscuits au dessert, éventuellement trempés dans un verre de vin doux.

PRÉPARATION : 15 MIN CUISSON : 30 MIN REPOS : 1 H

REPOS : 25 MIN

CUISSON : 30 MIN

PRÉPARATION : 25 MIN

LE NOUGAT DE TOURS DE DOMINIQUE

POUR 8 PERSONNES

PÂTE SUCRÉE

70 g	de beurre mou
140 g	de farine
1	petit œuf (45 g)
35 g	de sucre
1/2 c. à c.	de sel

GARNITURE

120 g	de fruits confits
3 cl	de kirsch
80 g	de confiture d'abricot
80 g	de poudre d'amande
80 g	de sucre
4	blancs d'œufs (120 g)

CONSEIL

La recette originelle comprend du cédrat et des abricots confits, peu sucrés, c'est pourquoi je recommande de privilégier des fruits pas trop sucrés. Je remplace volontiers le kirsch par du marasquin, une liqueur de cerise italienne.

Je dois cette recette à Dominique Briquet, boulanger-pâtissier à Lignières-de-Touraine. Bien éloigné du nougat de Montélimar, mais lointain cousin du nucatum romain — à base de noix, de miel et d'œufs —, ce dessert est constitué d'une pâte sucrée, de confiture d'abricot et de fruits confits, le tout recouvert d'une macaronnade. Ses origines remonteraient à la Renaissance, et il fait probablement inspiré par Léonard de Vinci, grand amateur d'amandes et de fruits confits. Tombé dans l'oubli après la Seconde Guerre mondiale, ce nougat a retrouvé ses lettres de noblesse grâce à la confrérie du nougat de Tours. Les Tourangeaux ne prennent pas la gourmandise à la légère !

Coupez les fruits confits en petits dés. Arrosez-les de kirsch, mélangez bien et laissez reposer.
Dans le bol d'un mixeur, mettez tous les ingrédients de la pâte et mixez brièvement jusqu'à la formation d'une boule. Façonnez cette boule et déposez-la sur une grande feuille de papier cuisson. Aplatissez-la légèrement et recouvrez d'une deuxième feuille. Étalez jusqu'à obtenir un diamètre permettant de tapisser un moule à manqué de 20 cm de diamètre, puis placez ce disque au réfrigérateur pour au moins 15 min.
Préchauffez le four à 210 °C (th. 7). Garnissez de pâte le moule beurré et entreposez 10 min au congélateur. Étalez la confiture sur le fond de tarte et répartissez les fruits confits. Mélangez ensemble la poudre d'amande et le sucre. Montez les blancs d'œufs en neige ferme, puis ajoutez le mélange poudre-sucre d'amande à l'aide d'une spatule. Versez ce mélange sur la tarte, puis enfournez. Laissez cuire 30 min.

CUISSON : 35 MIN

SABLÉS BRETONS À MA FAÇON

POUR UNE TRENTAINE DE BISCUITS

- 225 g de beurre
- 225 g de farine
- 110 g de Maïzena®
- 120 g de sucre
- 1 pincée de bicarbonate de soude
- 1 pincée de sel (facultatif)

Sortez le beurre du réfrigérateur 20 min à l'avance. Préchauffez le four à 150 °C (th 5). Fouettez le beurre avec une fourchette jusqu'à ce qu'il ait la consistance d'une pommade. Ajoutez la farine et la Maïzena® tamisées, le sucre, le bicarbonate et le sel. Mélangez rapidement avec la fourchette, la main ou un mixeur, jusqu'à l'obtention d'une pâte homogène. Étalez-la sur une plaque à pâtisserie antiadhésive sur une épaisseur de 1 cm environ. Piquez à intervalles réguliers avec les dents d'une fourchette.
Enfournez pour 35 min environ. La pâte doit dorer mais ne surtout pas brunir. Dès la sortie du four, découpez des sablés en utilisant un petit verre à bord fin comme emporte-pièce. Déposez les biscuits au fur et à mesure sur une surface plane et froide. Laissez refroidir. Vous pouvez les conserver plusieurs semaines dans une boîte hermétique.

CONSEIL

Le beurre doit être souple mais surtout pas mou. Ne mélangez pas trop la préparation, au risque d'obtenir des sablés trop durs et moins friables. Ajoutez éventuellement à la pâte 1 c. à c. de gingembre en poudre ou de cannelle.

PRÉPARATION : 10 MIN

COOKIES AU BEURRE DE CACAHUÈTE

CUISSON : 13 MIN

PRÉPARATION : 15 MIN

POUR 12 COOKIES

100 g	de beurre de cacahuète
100 g	de beurre
100 g	de sucre
80 g	de vergeoise
1 c. à c.	d'extrait de vanille
1	gros œuf
120 g	de farine
1/2 c. à c.	de levure chimique
100 g	de chocolat noir
1	pincée de cannelle

Je m'étonne toujours de voir à quel point certains produits peuvent être extrêmement populaires dans un pays et complètement méconnus dans un autre. Prenez le beurre de cacahuète. Pas un réfrigérateur américain qui ne contienne sa boîte de peanut butter, alors que nous connaissons à peine son existence. Mais comme je suis une sorte de chercheuse culinaire, j'en ai forcément un pot à portée de main. Et aujourd'hui, j'ai décidé d'en mettre dans mes cookies. Opération maxi plaisir.

Préchauffez le four à 180 °C (th. 6). Laissez ramollir le beurre à température ambiante. Travaillez-le à la spatule avec les sucres et la vanille. Incorporez l'œuf, le beurre de cacahuète, puis la farine et la levure. Ajoutez enfin 70 g de chocolat noir en éclats et mélangez bien.
Déposez des petits tas de pâte, légèrement écrasés et bien espacés sur une plaque à pâtisserie ou une feuille de papier cuisson. Enfoncez les éclats de chocolat restants dans les cookies afin qu'ils se voient bien après la cuisson. Enfournez et laissez cuire 13 min environ. Laissez tiédir sur une grille.
Saupoudrez d'une pincée de cannelle et/ou parsemez d'éclats de chocolat noir. Conservez les cookies dans une boîte métallique.

CONSEIL

Arghhh ! Autant vous le dire tout de suite : évitez de préparer ces cookies si vous êtes seul(e) dans votre cuisine, parce que vous avez de grandes chances de les boulotter dans l'heure qui suit leur cuisson. L'effet régressif du beurre de cacahuète, sans doute.
Détail qui a son importance, le chocolat ne doit pas être haché trop finement, afin qu'il apporte du contraste et de l'amertume dans ces biscuits de l'enfer !

POUR 10 GRANDS FINANCIERS

Préchauffez le four à 190 °C (th. 6-7) en fonction chaleur ventilée. Plongez les citrons 30 s dans l'eau bouillante, égouttez-les, rafraîchissez-les et séchez-les. Retirez leur pédoncule.
Découpez 1 citron en deux, dans la longueur, puis en tranches très fines. Coupez l'autre citron en huit et retirez les pépins s'il en contient. Mixez-le avec le sucre, le miel et l'huile d'olive. Incorporez l'œuf. Mélangez la farine, le bicarbonate, le sel et la poudre d'amande, puis incorporez à la préparation précédente.
Versez dans des moules à financiers, presque à niveau. Décorez chaque gâteau d'une tranche de citron et enfournez pour 15 min.

2	citrons non traités (150 g environ) si possible de Menton ou d'Italie
150 g	de sucre
1	grosse c. à s. de miel liquide (40 g)
5 cl	d'huile d'olive
1	gros œuf
80 g	de farine
3 g	de bicarbonate alimentaire ou 1 c. à c. de levure chimique
80 g	de poudre d'amande
	Sel

FINANCIERS À L'HUILE D'OLIVE ET AU CITRON

CUISSON : 15 MIN

PRÉPARATION : 15 MIN

CONSEIL

Avant de préparer cette recette, testez vos citrons blanchis : coupez une tranche fine dans chacun d'eux, zeste et albédo compris, et goûtez. Ils ne doivent comporter aucune amertume.
Vous pouvez ajouter des épices à ces financiers (cannelle, girofle, cardamome).

POUR UNE VINGTAINE DE COOKIES

300 g	de noix
375 g	de sucre glace
90 g	de cacao en poudre non sucré
1/4	de c. à c. de sel
4	blancs d'œufs (125 g environ)

Préchauffez le four à 160 °C (th. 5-6). Dorez les noix dans le four en veillant à ne pas trop les laisser brunir, puis concassez-les à l'aide d'un mortier. Mélangez le sucre, le cacao, le sel et les blancs d'œufs dans un saladier. Mélangez sans insister.

Mettez au frais pour 30 min. Déposez des boules de pâte sur une plaque couverte de papier cuisson. Enfournez et laissez cuire 14-15 min. Laissez refroidir avant de décoller de la plaque et de déguster.

MES COOKIES SANS FARINE

PRÉPARATION : 10 MIN CUISSON : 14-15 MIN REPOS : 30 MIN

LES BARBAJUANS À LA RICOTTA ET AU CITRON DE JEAN-MARC

Un classique mentonnais et monégasque détourné en dessert méditerranéen. Mon coup de cœur de l'année !

CUISSON : 3 MIN

PRÉPARATION : 20 MIN

PÂTE

- 1/2 c. à c. de curcuma
- 40 cl d'eau
- 1 kg de farine
- 10 cl d'eau de fleur d'oranger
- 10 cl d'huile neutre
- 1 c. à s. de sucre
- 1 pincée de sel

FARCE

- 1 kg de ricotta bien égouttée
- 70 g de sucre
- 50 g de poudre d'amande
- 3 c. à s. de confiture de citron
- 2 citrons de Menton (zeste)
- 50 g de zeste de citron confit
- 1 bain d'huile de friture
- Sucre glace

2 h avant de préparer la pâte, versez le curcuma dans un verre contenant 10 cl d'eau chaude et laissez infuser.

Préparez la pâte : dans un saladier, mettez la farine et creusez un puits. Ajoutez l'eau au curcuma, les 30 cl d'eau restants, l'eau de fleur d'oranger, l'huile, le sucre et le sel. Malaxez jusqu'à ce que la pâte soit souple. Divisez-la en 10 boules et laissez reposer 1 h.

Préparez la farce : dans un saladier, mélangez l'ensemble des ingrédients. Sur un plan de travail fariné, étalez très finement avec un rouleau chaque boule de pâte en un long rectangle. Déposez des quenelles de farce sur la pâte tous les 8 cm environ. Rabattez la pâte sur la farce. Retirez l'excédent de pâte avec une roulette à ravioli, pressez la pâte entre les quenelles pour évacuer l'air, puis détachez ces « bonbons » les uns des autres en pinçant leurs extrémités pour les fermer. Jetez-les dans l'huile bien chaude, à 180 °C, et laissez cuire 3 min environ. Savourez-les bien chauds, saupoudrés de sucre glace, mais attention à ne pas vous brûler !

CONSEIL

Ne cherchez pas à faire des formes trop régulières, c'est ce qui donne leur caractère aux barbajuans. Jean-Marc en prépare de grosses quantités et, pour s'aider, il les précuit, puis les trempe 30 s dans l'huile bien chaude pour achever leur cuisson et les réchauffer. Le curcuma est facultatif, il est destiné à donner à la pâte une belle couleur de citron. Achetez de préférence la ricotta dans une épicerie italienne, elle est plus dense. Sinon égouttez votre ricotta industrielle pendant 4 h dans un linge fin.

CARRÉS MOELLEUX AUX FIGUES ET AUX NOISETTES

POUR 12 CARRÉS

160 g	de figues sèches
30 g	de noisettes entières pelées
100 g	de beurre pommade
100 g	de sucre roux + 2 c. à s.
2	œufs
180 g	de poudre de noisette
1	grosse c. à s. de Maïzena® (20 g)
140 g	de crème pâtissière (p. 315)

Préchauffez le four à 160 °C (th. 5-6). Fouettez le beurre pommade avec le sucre roux, puis ajoutez les œufs. Avec une spatule, incorporez la poudre de noisette, la Maïzena® et le cacao.
Préparez la crème pâtissière (p. 315) et incorporez-la tiède ou froide mais pas brûlante. Coupez les figues en lamelles et ajoutez-les. Répartissez la préparation dans un moule carré beurré et sucré de 18 cm de côté.
Répartissez régulièrement les noisettes dans la pâte, chaque carré devant en contenir une, et enfoncez-les légèrement. Saupoudrez de sucre roux. Enfournez et laissez cuire 35 min. Retirez du four, puis allumez le gril. Quand il est bien chaud, glissez le plat dedans et laissez dorer quelques instants. Laissez refroidir et découpez en carrés.

CUISSON : 35 MIN

CONSEIL

Pour des carrés encore plus croustillants, retournez le gâteau une fois refroidi et passez-le sous le gril 5 min de l'autre côté.

PRÉPARATION : 20 MIN

« CE QUE J'AI AIMÉ LE PLUS AU MONDE, JE CROIS QUE C'ÉTAIT LA VIE. »

JEAN D'ORMESSON

POUR 9 MADELEINES

40 g	de sucre
1	sachet de sucre vanillé
2	œufs
30 g	de farine
1 c. à c.	rase de levure chimique
20 g	de poudre d'amande
50 g	de beurre fondu
2 c. à s.	bombées de cacao amer
9	carrés de 5 g de chocolat noir

Préchauffez le four à 180 °C (th. 6). Dans un saladier, fouettez avec une fourchette les sucres et les œufs. Mélangez la farine et la levure, puis saupoudrez le mélange sur la préparation sans cesser de mélanger. Ajoutez ensuite la poudre d'amande, le beurre fondu et le cacao. Mélangez jusqu'à ce que la préparation soit homogène.

Répartissez-la dans le creux de moules à madeleines bien beurrés, enfoncez un carré de chocolat au centre de chacun, tout en le recouvrant d'un peu de pâte. Enfournez et laissez cuire 8 min.

Retirez du four, laissez tiédir 3 min et démoulez. Dégustez les madeleines encore tièdes pour que le cœur soit bien coulant, mais elles sont tout aussi délicieuses froides ! Conservez-les dans un sac congélation.

CONSEIL

Pour les carrés de chocolat, j'utilise tout simplement une tablette de 200 g de chocolat pâtissier.

MADELEINES AU CHOCOLAT, CŒUR COULANT

PRÉPARATION : 10 MIN

CUISSON : 8 MIN

TUILES AUX AMANDES ET AU PAVOT

PRÉPARATION : 5 MIN

CUISSON : 8 MIN

CONSEIL

Conservez ces tuiles dans une boîte métallique pour éviter qu'elles ramollissent. Vous pouvez aussi choisir de les garnir de noisettes ou de pistaches concassées, de sésame grillé ou de raisins secs.

100 g	de beurre + 10 g
40 g	de farine
80 g	de sucre
5	blancs d'œufs
40 g	d'amandes effilées
2 c. à c.	de graines de pavot
1	pincée de sel

Préchauffez le four à 180 °C (th. 6). Réalisez un beurre noisette : faites fondre le beurre dans une petite casserole et laissez-le colorer jusqu'à ce qu'il soit bien blond et cesse de crépiter.
Dans un saladier, mélangez la farine, le sucre et la pincée de sel. Battez les blancs d'œufs avec une fourchette jusqu'à ce qu'ils soient légèrement mousseux. Versez-les en deux fois dans le saladier en mélangeant à chaque fois pour éviter la formation de grumeaux. Ajoutez le beurre noisette et mélangez soigneusement.
Faites dorer les amandes effilées dans une poêle sèche. Beurrez légèrement la plaque du four. Déposez 3 c. à s. de pâte sur la plaque, bien espacées les unes des autres. Aplatissez avec le dos de la cuillère pour que les tas soient bien fins. Parsemez le dessus d'amandes et de graines de pavot. Enfournez pour 8 à 10 min, jusqu'à ce que les bords soient bien dorés.
Retirez la plaque du four et décollez immédiatement les tuiles à l'aide d'une spatule fine. Déposez-les sur une bouteille ou un rouleau à pâtisserie pour leur donner une forme arrondie. Vous pouvez aussi les enfoncer dans des ramequins pour en faire des bols comestibles. Procédez de la même façon jusqu'à épuisement de la pâte.

COOKIES AU CHOCOLAT BLANC ET AUX PIGNONS

CUISSON : 10 MIN

PRÉPARATION : 15 MIN

POUR 12 COOKIES

200 g	de chocolat blanc
60 g	de pignons de pin
140 g	de beurre mou
140 g	de sucre roux
2	œufs moyens
1	citron
180 g	de farine
	Sel

Préchauffez le four à 180 °C (th. 6). Hachez grossièrement le chocolat. Faites dorer les pignons dans une poêle sèche.

Mettez le beurre mou et le sucre dans un saladier. Mélangez avec un batteur électrique jusqu'à ce que le mélange soit très léger. Ajoutez les œufs battus, le zeste du citron, la farine tamisée, le sel, le chocolat, puis les pignons.

Façonnez des petites boules de la taille d'une prune entre vos mains et aplatissez-les. Déposez-les sur une plaque à pâtisserie ou de papier cuisson et enfournez pour 10 min. Laissez refroidir sur une grille.

POUR 8 PERSONNES

160 g	de beurre
80 g	de sucre roux
100 g	de miel ou 120 g de Golden syrup®
200 g	de flocons d'avoine
60 g	de pétales de blé nature (type Spécial K®)
1 c. à c.	de cannelle
70 g	de cranberries (ou d'abricots secs coupés en dés)

Préchauffez le four à 180 °C (th. 6). Faites fondre le beurre avec le sucre et le miel sans porter à ébullition. Ajoutez les flocons d'avoine, les pétales de blé concassés, la cannelle et les cranberries.
Versez dans un moule antiadhésif de 20 cm de côté ou utilisez un emporte-pièce pour des gâteaux individuels. Dans les deux cas, laissez cuire 30 min au four.
10 min après avoir sorti les gâteaux du four, passez un couteau le long des parois pour les démouler. Coupez des parts si vous avez cuit un grand gâteau. Démoulez 30 min plus tard.

CONSEIL

Pour un goût plus fruité, vous pouvez également ajouter 1/2 pomme râpée à la préparation !

FLAPJACKS

PRÉPARATION : 10 MIN

CUISSON : 30 MIN

CITROMIEL AU ROMARIN

REPOS : 10 MIN

CUISSON : 5 MIN

PRÉPARATION : 5 MIN

POUR 4 TASSES

50 cl	d'eau
2	brins de romarin
1/2	citron non traité (j'utilise des citrons corses, de Menton ou de Nice)
2 c. à c.	rases de miel liquide

Portez l'eau à ébullition. Dans une théière ou une carafe solide, mettez le romarin et le 1/2 citron lavé et coupé en quatre. Versez l'eau frémissante et ajoutez le miel. Mélangez et couvrez. Laissez infuser au moins 10 min. Servez chaud ou frais.

PETITS GRATINS D'AGRUMES AU MASCARPONE

CUISSON : 20 MIN

PRÉPARATION : 30 MIN

POUR 8 PERSONNES

2 pamplemousses ou pomelos
3 belles oranges à bouche
Sucre glace

CRÈME PÂTISSIÈRE

25 cl de lait entier
1 gousse de vanille
75 g de sucre
5 g de farine
25 g de Maïzena®
4 jaunes d'œufs
60 g de mascarpone

MERINGUE ITALIENNE

100 g de sucre
5 cl d'eau
5 de blancs d'œufs (150 g)

CONSEIL

Vous pouvez remplacer un peu du sucre de la crème pâtissière par du sirop de sureau dont la saveur florale s'accorde très bien avec les agrumes et saupoudrer ces gratins de cannelle.

Préparez la crème pâtissière : portez le lait à frémissement avec la gousse de vanille grattée, couvrez et laissez infuser au moins 15 min. Pelez les agrumes à vif et prélevez les segments, puis conservez-les au réfrigérateur.

Retirez la gousse de vanille du lait, ajoutez 25 g de sucre et portez de nouveau à frémissement. Dans un saladier, fouettez la farine, la Maïzena®, le reste du sucre et les jaunes d'œufs. Versez petit à petit le lait sans cesser de fouetter, reversez dans la casserole et mélangez jusqu'à ce que la préparation épaississe. Comptez environ 5 min de cuisson à partir de l'ébullition. Débarrassez dans une assiette et laissez refroidir. Recouvrez de film alimentaire au contact, gardez à température ambiante ou mettez au réfrigérateur si vous l'avez préparée à l'avance.

Préparez la meringue italienne : dans une casserole, mélangez le sucre et l'eau, et faites chauffer jusqu'à ce que le sirop atteigne 118 °C. Pendant ce temps, montez les blancs d'œufs en neige. Quand ils sont bien montés et que le sirop est à la bonne température, versez-le sur les blancs en neige en filet sans cesser de fouetter. Continuez de battre jusqu'à refroidissement. Détendez la crème pâtissière avec le mascarpone, puis incorporez la meringue italienne. Répartissez ce mélange dans un grand plat ou dans des ramequins individuels. Prélevez les segments d'agrumes et déposez-les dessus, puis saupoudrez de sucre glace. Passez sous le gril du four pour faire juste dorer la surface pendant 3 min environ. Servez aussitôt.

SOUFFLÉ AU CHOCOLAT ET GRANITÉ AU CAFÉ DE MICHEL GUÉRARD

POUR 4 PERSONNES

GRANITÉS

1	café long
2 c. à c.	de sucre roux
2 c. à c.	de crème liquide
1 c. à c.	d'armagnac
50 cl	de glace au chocolat

SOUFFLÉS

70 g	de beurre + 10 g pour les moules
70 g	de chocolat noir à 64 % de cacao
2	jaunes d'œufs
65 g	de sucre + 20 g pour les moules
2	blancs d'œufs
	Cacao

CONSEIL

Le fait de sucrer les moules beurrés permet d'obtenir une texture croustillante à la dégustation. L'appareil à soufflé peut se conserver 48 h au frigo avant d'être cuit au dernier moment.

La veille, mélangez le café, le sucre roux, la crème liquide et l'armagnac. Mettez la préparation au congélateur pour au moins 12 h en mélangeant de temps en temps.

Le jour même, préparez les soufflés : beurrez et sucrez quatre ramequins. Faites fondre le beurre. En dehors du feu, ajoutez le chocolat. Fouettez les jaunes d'œufs avec 35 g de sucre et incorporez-les au mélange beurre-chocolat. Montez les blancs d'œufs en neige, serrez-les avec 30 g de sucre, puis ajoutez-les délicatement à la préparation précédente. Versez dans les moules et conservez au frais pendant 15 min minimum. Préchauffez le four à 200 °C (th. 7). Enfournez pour 7 min.

Sortez la préparation au café du congélateur et laissez-la se réchauffer. Grattez-la avec une fourchette afin d'obtenir un granité.

Au fond d'une tasse à café congelée, déposez une petite cuillère de glace au chocolat et recouvrez de granité au café. Réservez au congélateur jusqu'au moment de servir.

À la fin de la cuisson, sortez les soufflés du four, saupoudrez-les légèrement de cacao et mettez-les sur des assiettes. Servez-les avec les tasses de granité au café.

REPOS : 12 H

CUISSON : 7 MIN

PRÉPARATION : 20 MIN

POUR 10 SHORTBREADS

130 g	de beurre demi-sel mou
60 g	de farine + 10 g pour le moule
60 g	de Maïzena®
60 g	de sucre glace
10 g	de sucre

Préchauffez le four à 160 °C (th. 5-6) sur chaleur tournante. Dans un grand saladier, mettez le beurre mou, la farine, la Maïzena® et le sucre glace. Frottez vos mains de façon à mélanger intimement la pâte, mais faites-le rapidement. Vous devez obtenir un sable fin.
Beurrez un moule rectangulaire de 30 x 10 cm ou rond de 20 cm de diamètre et saupoudrez-le d'un mélange de sucre et de 10 g de farine. Retirez l'excédent. Répartissez la pâte dans le moule, lissez et tassez avec le plat de la main ou une pelle à tarte. Enfournez sur une grille pour 35 min environ. Sortez la préparation du four dès qu'elle blondit.
Dès la sortie du four, découpez 10 parts égales avec un couteau à lame fine et décollez les bords si le moule est à fond amovible. Laissez refroidir. Savourez les shortbreads avec des fruits revenus à la poêle et une crème vanille ou tels quels avec du thé.

CONSEIL

Le beurre doit être bien mou pour vous éviter de trop travailler la pâte, ce qui la durcit.

MES SHORTBREADS RETOUR D'ÉCOSSE

CUISSON : 35 MIN

PRÉPARATION : 10 MIN

TARTELETTES SABLÉES À LA MOUSSE AU CHOCOLAT

PRÉPARATION : 25 MIN CUISSON : 35 MIN REPOS : DE 30 MIN À 1 H

POUR 6 PERSONNES

PÂTE SABLÉE

- 200 g de farine
- 85 g de sucre glace
- 85 g de beurre bien froid
- 1 œuf + 2 jaunes
- Sel

MOUSSE

- 100 g de chocolat noir à 70 % de cacao
- 15 g de beurre
- 2 œufs + 2 blancs
- 110 g de sucre
- 1 c. à s. de cacao en poudre + pour la déco
- Sucre glace
- 1 pincée de sel

Préparez la pâte sablée : dans un mixeur, mettez la farine, le sucre glace et le sel, et mixez 5 s. Coupez le beurre froid en morceaux, ajoutez-le et mixez. Ajoutez les 2 jaunes d'œufs et 1 c. à s. d'eau bien froide. Mixez jusqu'à l'obtention d'une boule. Entourez de film alimentaire et placez au réfrigérateur de 30 min à 1 h.
Préchauffez le four à 190 °C (th. 6-7). Beurrez et farinez six moules à tartelettes de 10 cm de diamètre. Sortez la pâte du réfrigérateur et divisez-la en 6 parts égales. Sur un plan de travail fariné, étalez-les en disques ; la pâte ne doit pas être trop épaisse (5 mm maximum). Enfoncez délicatement la pâte dans les moules, piquez avec une fourchette pour éviter qu'elle gonfle et enfournez pour 15 min.
Fouettez l'œuf et badigeonnez-en les pâtes à la sortie du four. Remettez à cuire 7 min ; cela permet d'imperméabiliser la pâte et de la rendre plus croustillante.

Préparez la mousse : faites fondre le chocolat cassé en morceaux avec le beurre au bain-marie ou dans le four à micro-ondes. Réservez. Fouettez les 2 œufs avec 90 g de sucre. Ajoutez le cacao, puis incorporez au chocolat refroidi.
Montez les blancs d'œufs en neige, ajoutez le reste du sucre, puis incorporez au mélange précédent. Versez sur les tartelettes et passez au four de 8 à 10 min.
Servez tiède ou éventuellement refroidi, saupoudré de sucre glace et de cacao.

1	petite orange non traitée
200 g	de sucre glace
25 g	de poudre d'amande
75 g	de noisettes ou d'amandes grillées concassées
75 g	de beurre fondu
50 g	de farine

Préchauffez le four à 170 °C (th. 6). Râpez le zeste de la moitié de l'orange (en évitant la partie blanche) et hachez-le. Pressez l'orange pour récupérer 75 g de jus. Mettez le sucre glace, la poudre d'amande, les noisettes ou les amandes concassées, le beurre fondu et la farine dans un saladier. Ajoutez le jus d'orange et mélangez.
Recouvrez une plaque de papier cuisson. Étalez de petits disques de pâte bien espacés. Enfournez et faites cuire pendant 10 min. Les tuiles doivent être bien dorées, mais ne pas brûler. Détachez-les encore chaudes.
Moulez les tuiles sur un rouleau à pâtisserie ou faites simplement glisser le papier cuisson sur un plan de travail si vous souhaitez les garder plates. Conservez-les dans une boîte hermétique avec 1 sucre pour absorber l'humidité.

TUILES À L'ORANGE ET AUX AMANDES

CUISSON : 10 MIN

PRÉPARATION : 15 MIN

AU-
DA
- CE

« À l'origine de toute réussite, il y a le fait d'avoir osé. »

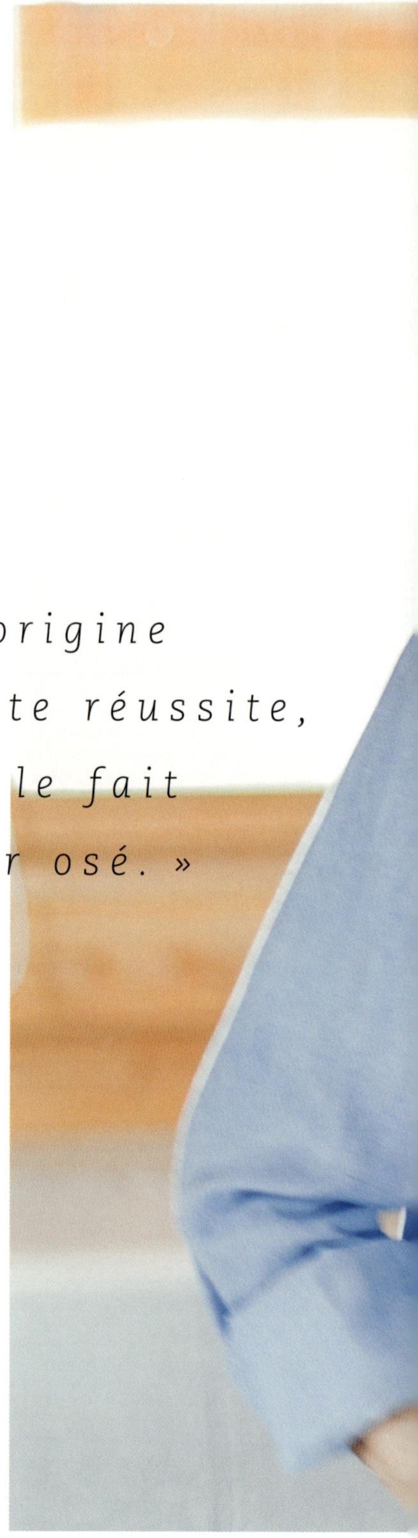

JACQUES AUDIBERTI

BEIGNETS D'ÉPINARDS À LA CASSONADE

CUISSON : 5 MIN

Beignets d'épinards à la cassonade

PRÉPARATION : 10 MIN

POUR 4 PERSONNES

400 g d'épinards
50 cl d'huile d'olive
100 g de farine
1 jaune d'œuf
Cassonade
Cannelle
Sel

Faites chauffer l'huile d'olive dans une sauteuse ou une friteuse. Lavez et équeutez les épinards.
Dans un plat creux, mélangez la farine, 20 cl d'eau glacée et le jaune d'œuf, puis salez légèrement.
Ajoutez les épinards et mélangez de nouveau, puis égouttez-les à l'aide d'une écumoire.
Plongez-les ensuite dans l'huile brûlante en petits tas. Laissez cuire à feu vif pendant 2 min environ de chaque côté.
Égouttez les beignets sur du papier absorbant, puis saupoudrez de cassonade et de cannelle. Servez les beignets bien chauds tels quels ou accompagnés de glace.

REPOS : 2 H

CUISSON : 25 MIN

PRÉPARATION : 20 MIN

Churros au potimarron

700 g	de potimarron bio
40 g	de sucre + un peu pour servir
150 g	de farine
1 c. à c.	de levure chimique
1	citron non traité
35 g	de fruits confits en dés
1 l	d'huile de pépins de raisin
1	pincée de sel

Lavez soigneusement le potimarron. Coupez-le en quatre ou en huit selon sa taille, puis retirez les graines. Enfermez chaque morceau dans du film alimentaire et percez-les de quelques trous. Faites-les cuire au four à micro-ondes à la puissance maximale jusqu'à ce qu'ils soient tendres, pendant environ 7 min. Mixez les morceaux de potimarron. Vous devez obtenir environ 400 g de purée. Versez-la dans un saladier.

Prélevez le zeste de citron et hachez-le. Ajoutez le sucre, la farine mélangée à la levure, le sel et le zeste de citron au potimarron. Mélangez bien, puis incorporez les dés de fruits confits. Couvrez et laissez reposer la pâte 2 h au réfrigérateur.

Faites chauffer l'huile dans une sauteuse ou une grande friteuse à 170 °C environ. Transvasez la pâte dans une poche à douille et versez-la en bandes de 15 cm de long dans l'huile bien chaude. Mélangez immédiatement pour éviter qu'elles n'accrochent au fond de la sauteuse. Laissez cuire 3-4 min.

Égouttez les churros sur du papier absorbant, puis roulez-les, en gardant 2 cm vierges pour le positionnement des doigts, dans le sucre étalé sur une assiette. Servez-les chauds mais pas brûlants.

CONSEIL

À Venise, on utilise traditionnellement des raisins secs plutôt que des fruits confits pour garnir cette pâte, mais je trouve le croquant de ces derniers plus agréable en contraste avec le moelleux des beignets.

Vous pouvez aussi faire cuire ces beignets en boules de la taille d'une coquille de noix.

CHURROS

AU POTIMARRON

CLAFOUTIS BRÛLÉ DE BANANES AU CITRON VERT ET LAIT DE COCO

CUISSON : 25 MIN

PRÉPARATION : 10 MIN

POUR 4 PERSONNES

4	bananes mûres
1	citron vert
60 g	de cassonade + 2 c. à s.
80 g	de farine
25 cl	de lait de coco
3	œufs
	Beurre
1	pincée de sel

Clafoutis brûlé de bananes au citron vert et lait de coco

Préchauffez le four à 190 °C (th. 7).
Lavez le citron vert, râpez le zeste et pressez le fruit.
Épluchez les bananes et coupez-les en rondelles de 1 cm d'épaisseur. Arrosez-les de jus de citron vert et saupoudrez-les de 2 c. à s. de cassonade. Laissez macérer le temps de préparer la pâte.
Dans un saladier, mettez la farine, 60 g de cassonade, les 3/4 du zeste de citron vert et le sel. Délayez avec un fouet en ajoutant le lait de coco petit à petit, puis les œufs. Si la pâte fait des grumeaux, donnez un coup de mixeur plongeant.
Répartissez, sans les superposer, les rondelles de banane dans des ramequins, type plats à crème brûlée, beurrés. Couvrez de crème, saupoudrez du reste de zeste et enfournez pour 15 min. Saupoudrez chaque clafoutis de cassonade et faites-les dorer 3 min sous le gril bien chaud.
Servez-les tièdes ou froids, mais évitez le réfrigérateur, accompagnés de glace à la noix de coco ou au citron.

CONSEIL

Encore meilleur : faites dorer les bananes dans une poêle avec du beurre salé et du sucre roux, puis flambez-les au rhum.

BLANC-MANGER AUX AMANDES

COMPOTE D'ABRICOT AU MIEL

PISTACHES CROQUANTES

REPOS : 3 H

CUISSON : 45 MIN

PRÉPARATION : 25 MIN

POUR 8 PERSONNES

Blanc-manger aux amandes, compote d'abricot au miel, pistaches croquantes

BLANC-MANGER

20 cl	de lait d'amande
80 cl	de lait de coco
4	feuilles de gélatine
125 g	d'amandes entières non pelées
125 g	de sucre
1	pincée de sel
1 c. à s.	d'eau de fleur d'oranger (facultatif)

COMPOTE D'ABRICOT

1 kg	d'abricots bien mûrs
2 c. à s.	de miel
2	gousses de vanille

DÉCORATION

80 g	de pistaches non salées
35 g	de sucre

Préparez le blanc-manger : trempez les feuilles de gélatine dans un grand bol d'eau froide. Mixez très finement les amandes entières. Dans une casserole, versez les laits d'amande et de coco, le sucre et les amandes mixées, puis portez à ébullition. Mélangez, salez et retirez du feu. Ajoutez l'eau de fleur d'oranger si vous le souhaitez et laissez tiédir 3 min. Essorez la gélatine, ajoutez-la et mélangez jusqu'à ce qu'elle soit dissoute. Répartissez cette préparation dans des verres évasés. Laissez refroidir et mettez au réfrigérateur pour au moins 3 h.

Préparez la compote d'abricot : dénoyautez les abricots et coupez-les en huit. Placez-les dans une casserole, ajoutez le miel et les gousses de vanille grattées avec les graines. Mélangez et faites cuire à couvert sur feu moyen pendant 20 à 30 min (selon la maturité des abricots). Laissez refroidir et versez sur les blanc-manger bien froids.

Préchauffez le four à 170 °C (th. 6). Faites-y rôtir les pistaches pendant 10 min. Saupoudrez le sucre dans le fond d'une petite poêle et faites-le caraméliser légérement. Ajoutez alors les pistaches et mélangez jusqu'à l'obtention d'un caramel. Versez sur une feuille de papier cuisson, formez des petits tas et laissez refroidir. Au moment de servir, répartissez les pistaches dans les coupes.

CONSEIL

Attention à ne pas mettre la gélatine dans un liquide bouillant, son pouvoir gélifiant serait amoindri par la chaleur.
Ne disposez les pistaches dans les coupes qu'au dernier moment, pour éviter qu'elles ne ramollissent.

CONFITURE DE PÊCHE AU SAFRAN

DE CHRISTINE FERBER

REPOS : 1 NUIT

1,4 kg	de pêches blanches
750 g	de sucre roux
15	pistils de safran
Le jus de 1/2	citron

Confiture de pêche au safran de Christine Ferber

CUISSON : 30 MIN

La veille, pelez les pêches, puis coupez-les en lamelles de 5 mm. Placez-les avec le sucre, le safran et le jus du citron dans une grande casserole ou une bassine à confiture, et portez à frémissement en mélangeant délicatement. Transvasez le tout dans un grand récipient et laissez refroidir, couvert d'un linge. Placez au réfrigérateur pour 1 nuit.
Le jour même, versez la préparation dans une casserole ou dans la bassine. Portez à ébullition sur feu vif et maintenez un gros bouillon pendant 10 min sans cesser de mélanger. Écumez régulièrement. Pour vérifier la cuisson, versez 1 goutte de confiture sur une assiette : elle doit légèrement gélifier.
Pendant ce temps, faites chauffer de l'eau dans une casserole, trempez les pots et retournez-les sur un linge sans les sécher : ceci permet de les stériliser. Laissez-les s'égoutter.
Dès la fin de la cuisson de la confiture, retournez les pots, remplissez-les à la louche, à ras bord, vissez leur couvercle et retournez-les le temps qu'ils refroidissent.

PRÉPARATION : 15 MIN

POUR 2 POTS DE 45 CL ENVIRON

CONSEIL

Les confitures sont meilleures consommées au minimum 1 mois après leur préparation. Préférez un récipient évasé – une bassine ou une sauteuse plutôt qu'une casserole – pour faire cuire la confiture car cela facilite l'évaporation de l'eau des fruits.

CUISSON : 5 MIN

PRÉPARATION : 10 MIN

POUR 4 À 6 PERSONNES

Beignets de fleurs d'acacia de Catherine

100 g	de fleurs d'acacia
30 cl	d'huile de tournesol
125 g	de farine
1	pincée de levure chimique
1	œuf
2 c. à s.	de sirop de fleur d'acacia (ou de sureau) ou 1 c. à s. de sucre
1 c. à s.	de beurre
	Sucre

Cueillez les grappes de fleurs d'acacia à la floraison, c'est-à-dire en avril ou en mai.
Faites chauffer l'huile dans un wok. Préparez la pâte à beignets sans tarder : mélangez la farine, le sel, la levure, le jaune de l'œuf et 25 cl d'eau. Montez le blanc en neige, puis incorporez-le délicatement. Ajoutez le sirop ou le sucre. Détachez de petites grappes de fleurs.
Caressez la pâte avec les fleurs en les tenant par la tige, puis plongez-les dans l'huile chaude mais pas bouillante. Laissez dorer de chaque côté, puis retirez à l'aide d'une écumoire. Déposez les beignets sur une feuille de papier absorbant. Saupoudrez-les légèrement de sucre et mangez-les bien chauds !

CONSEIL

Mieux vaut cueillir les fleurs le matin entre 9 et 11 heures, avant la chaleur mais après le séchage de la rosée. Évitez les grappes trop fleuries pour ne pas risquer de perdre des pétales.
Les fleurs sont très fragiles après avoir été cueillies ; conservez-les le moins longtemps possible, dans une boîte hermétique, entre des couches de papier absorbant humidifié.
Cette pâte permet aussi de réaliser des beignets de rose en y trempant les pétales.

BEIGNETS DE FLEURS D'ACACIA

DE CATHERINE

COOKIES AUX AMANDES ET AUX CAROTTES CARAMÉLISÉES

CUISSON : 20 MIN

80 g	d'amandes
300 g	de carottes
160 g	de beurre
160 g	de sucre
2	œufs
1 c. à c.	de cannelle moulue
220 g	de farine
1 c. à c.	de levure chimique
4 g	de sel

Cookies aux amandes et aux carottes caramélisées

PRÉPARATION : 15 MIN

POUR UNE VINGTAINE DE COOKIES

Préchauffez le four à 180 °C (th. 6) et placez le beurre à température ambiante. Mettez les amandes sur une plaque à pâtisserie et faites-les dorer dans le four en train de chauffer. Retirez-les dès qu'elles sont blondes et hachez-les grossièrement à l'aide d'un couteau.
Épluchez et lavez les carottes, puis coupez-les en petits dés. Dans une poêle, versez 40 g de sucre et une bonne pincée de sel. Laissez caraméliser quelques instants. Ajoutez les dés de carottes, puis mélangez sur feu vif pendant 5 à 7 min, jusqu'à ce qu'ils soient bien caramélisés et qu'il ne reste presque plus de caramel dans la poêle. Versez sur une assiette et laissez refroidir.
Pendant ce temps, placez dans le bol du mixeur 150 g de beurre coupé en morceaux, le sucre restant, les œufs, le sel ainsi que la cannelle, la farine et la levure. Mixez rapidement. Incorporez les dés de carottes et les amandes, puis mélangez.
Disposez des tas de pâte à l'aide d'une cuillère à soupe sur une plaque à pâtisserie en les espaçant bien et en les étalant légèrement. Enfournez et laissez cuire pendant 12 min. Détachez-les à l'aide d'une spatule et laissez-les tiédir sur une grille.

CONSEIL

J'aime bien les cookies croustillants, mais si vous les préférez moelleux, retirez un peu de sucre, n'étalez pas la pâte sur la plaque et faites-les cuire pendant 10 min seulement.
Vous pouvez remplacer les carottes par des dés de patate douce.

CRÈME BRÛLÉE À LA CHICORÉE DE MICHEL

REPOS : 3 H

16	jaunes d'œufs
200 g	de sucre
15 cl	de lait
70 cl	de crème liquide
50 g	de chicorée liquide
	Vergeoise bonde

Crème brûlée à la chicorée de Michel

CUISSON : 1 H

Une recette découverte en Flandres et qui met particulièrement à l'honneur deux produits phares de la région : la chicorée et la vergeoise. À tester d'urgence !

Préchauffez le four à 110 °C (th. 4), en fonction chaleur ventilée. Réunissez les jaunes d'œufs et le sucre dans un saladier, et fouettez énergiquement pendant 2 min, jusqu'à ce que la préparation soit épaisse et mousseuse.

Faites tiédir le lait et la crème liquide, puis ajoutez la chicorée. Versez ce mélange sur les jaunes d'œufs et continuez de mélanger, jusqu'à ce que le mélange soit homogène. Versez dans un plat à gratin de taille moyenne et enfournez pour 1 h.

Laissez refroidir et mettez au réfrigérateur pour au moins 3 h. Saupoudrez la surface de vergeoise, puis faites-la caraméliser à l'aide d'un fer ou d'un chalumeau.

PRÉPARATION : 15 MIN

CONSEIL

Si vous voulez réaliser cette crème pour 4 personnes, divisez les quantités, mais pas le temps de cuisson.

Pour que la crème ne soit pas trop cuite sur les bords, plongez le moule dans l'eau froide dès la sortie du four.

POUR 8 PERSONNES

CUISSON : 55 MIN

PRÉPARATION : 15 MIN

POUR 8 PERSONNES

GÂTEAU À LA BIÈRE BRUNE ET AUX FRUITS SECS

- **1** canette de bière brune (33 cl)
- **180 g** de beurre
- **150 g** de raisins secs de Corinthe
- **1 c. à c.** de mélange quatre épices
- **1/2 c. à c.** de muscade moulue
- **1** pincée de graines d'anis
- **3** œufs
- **150 g** de vergeoise
- **180 g** de farine complète
- **1/2** sachet de levure chimique
- **80 g** de noix
- Sel

Préchauffez le four à 170 °C (th. 6). Dans une casserole, réunissez la bière, le beurre et les épices. Portez à ébullition en mélangeant. Ajoutez les raisins secs et portez de nouveau à ébullition. Laissez mijoter 5 min à feu doux, retirez du feu, puis laissez tiédir.

Dans un saladier, fouettez les œufs, ajoutez la vergeoise, la farine, la levure et une pincée de sel. Incorporez le mélange à la bière, puis les noix. Mélangez pour obtenir un mélange homogène.

Versez la pâte dans un petit moule à manqué beurré et sucré. Enfournez pour 45 min. À la fin de la cuisson, laissez refroidir avant de démouler.

CONSEIL

Couvrez le moule d'aluminium pour éviter que la surface ne brûle.

GÂTEAU À LA BIÈRE BRUNE ET AUX FRUITS SECS

REPOS : 1 NUIT

Crèmes brûlées de potimarron aux épices

CUISSON : 55 MIN

600 g	de potimarron bio
3	œufs
60 g	de cassonade
2	bonnes pincées de cannelle
1	pincée de muscade
1	pincée de clous de girofle
1	pincée de poivre blanc
25 cl	de crème liquide
1 c. à c.	de vanille liquide ou 1 gousse de vanille grattée

PRÉPARATION : 15 MIN

POUR 6 PERSONNES

La veille, lavez le potimarron en le frottant bien. Coupez-le en quatre, ôtez les graines et enveloppez chaque quartier dans du film alimentaire. Piquez avec la pointe du couteau et faites cuire dans le four à micro-ondes à 900 W pendant 15 min environ. Le potimarron doit être complètement ramolli. Moulinez à la grille fine pour le réduire en purée, peau comprise.

Préchauffez le four à 120 °C (th. 4). Fouettez les œufs avec 30 g de cassonade et les épices. Ajoutez la crème liquide, la vanille et la purée de potimarron, puis fouettez. Passez la préparation dans une passoire fine, puis répartissez-la dans six ramequins à crème brûlée. Placez-les sur la plaque du four, versez de l'eau chaude autour, jusqu'à la hauteur des crèmes, enfournez et laissez cuire pendant 40 min ; les crèmes doivent être prises mais trembloter encore un peu. Laissez refroidir et mettez au réfrigérateur pour 1 nuit.

Le jour même, saupoudrez du reste de cassonade et chauffez à l'aide d'un chalumeau ou passez 1 min sous le gril du four. Servez les crèmes accompagnées de confiture de goyave ou d'un autre fruit exotique détendue à l'eau et à l'eau de rose.

CONSEIL

Si vous ne trouvez pas de potimarron bio, pelez celui que vous avez acheté.

REPOS : 1 H 30

TARTE AUX FRAISES, AMANDES ET GELÉE DE ROSE

CUISSON : 40 MIN

PRÉPARATION : 25 MIN

POUR 8 PERSONNES

PÂTE SUCRÉE

150 g	de beurre
90 g	de sucre glace
30 g	de poudre d'amande
250 g	de farine
1	œuf
1	pincée de sel

CRÈME D'AMANDE

120 g	de poudre d'amande
120 g	de beurre
120 g	de sucre glace
2	petits œufs
2 c. à s.	de liqueur ou de sirop de fraise (épiceries italiennes)
2 c. à s.	de crème fraîche
1 à 2	gousses de vanille

GARNITURE ET NAPPAGE

1 kg	de fraises
100 g	de gelée de rose
1 c. à s.	de sucre
1 c. à s.	de miel
	Pétales de rose non traités

Préparez la pâte sucrée : dans un mixeur, pétrissez le beurre pour le rendre pommade, puis ajoutez le sucre glace, la poudre d'amande, la farine, le sel et l'œuf. Mélangez rapidement jusqu'à ce que la pâte forme une boule. Partagez-la en deux et étalez-la en 2 disques épais. Mettez-les au réfrigérateur et laissez reposer 30 min. Beurrez deux moules à tarte ou deux cercles de 23 cm de diamètre et foncez-le avec la pâte en coupant les bords. Laissez reposer au moins 1 h au réfrigérateur.
Pendant ce temps, lavez et coupez 800 g de fraises en deux. Réservez au réfrigérateur.
Préparez la crème d'amande : dans un mixeur, versez tous les ingrédients, puis mixez jusqu'à obtenir une préparation homogène. Réservez à température ambiante, sauf s'il fait chaud.
Préchauffez le four à 165 °C (th. 6) en fonction chaleur ventilée. Sortez les pâtes, piquez-les de coups de fourchette et enfournez. Laissez cuire 25 min. À la fin de la cuisson, sortez-les du four et laissez-la tiédir.
Préparez le nappage : mixez les fraises restantes. Mettez la gelée de rose, le sucre, le miel et le coulis de fraise dans une casserole, et portez à ébullition 5 min pour que le mélange épaississe. Laissez tiédir.
Étalez la crème d'amande sur les fonds de tartes tiédis et repassez au four 12 min. Disposez joliment les fraises en les enfonçant légèrement dans la crème.
À l'aide d'un pinceau, badigeonnez-les de nappage. Décorez de quelques pétales de rose. Mettez au frais quelques heures et savourez !

CONSEIL

Utilisez un moule à fond amovible pour plus de commodité.
Pour qu'elle s'étale mieux, réchauffez légèrement le nappage au préalable.
Vous pouvez remplacer la liqueur de fraise par une liqueur d'un autre fruit rouge.

« OSE, OPPOSE, EXPOSE

MAIS NE COMPOSE

HERVÉ BAZIIN
CRI DE LA CHOUETTE

JAMAIS. »

CRUMBLE DE TOMATES CONFITES ET FRAMBOISES

CUISSON : 2 H 15

PRÉPARATION : 10 MIN

POUR 2 PERSONNES

Crumble de tomates confites et framboises

800 g	de tomates
500 g	de framboises
60 g	de vergeoise
20 g	de raisins secs
1 c. à s.	de gingembre râpé
4 c. à s.	de menthe
2 c. à s.	d'huile d'olive
50 g	de sablés nature ou aux épices
20 g	de noix concassées

Pelez les tomates, épépinez-les et coupez-les en quartiers. Mélangez-les avec 40 g de vergeoise, les raisins secs, le gingembre, la menthe ciselée, l'huile d'olive et les framboises, puis versez le mélange dans un petit plat à gratin.

Enfournez et réglez le four à 160 °C (th. 5-6). Laissez cuire pendant 2 h en mélangeant une fois. Retirez du four et montez la température à 210 °C (th. 7). Ajoutez les framboises, brisez ensuite les sablés en une poudre grossière et saupoudrez-en le gratin. Ajoutez les noix, la vergeoise restante, puis laissez cuire encore 15 min. Servez ce crumble tiède avec une boule de glace à la vanille.

TARTE AU CITRON DE MENTON ET AU SAFRAN

POUR 8 PERSONNES PRÉPARATION : 25 MIN CUISSON : 45 MIN REPOS : 1 H

TARTE AU CITRON DE MENTON ET AU SAFRAN

PÂTE

100 g	de beurre pommade
40 g	de sucre glace
10 g	de sucre vanillé
1	petit œuf
30 g	de poudre d'amande
230 g	de farine
1	pincée de sel

CRÈME

20 g	de beurre
1	bonne pincée de pistils de safran
3	œufs + 3 jaunes
180 g	de sucre glace
20 cl	de jus de citron de Menton (environ 3 citrons) + le zeste de 1 gros citron

Faites fondre 15 g de beurre, ajoutez-y le safran et laissez infuser 1 h au moins.
Préparez la pâte : mélangez le beurre pommade avec les sucres, le sel, l'œuf et la poudre d'amande, puis la farine. Mélangez rapidement pour former une boule, étalez-la entre deux feuilles de papier cuisson sur une épaisseur de 3-4 mm d'épaisseur et laissez reposer au réfrigérateur pendant 1 h.
Foncez un moule à tarte de 25 cm de diamètre et entreposez 15 min au congélateur. Préchauffez le four à 180 °C (th. 6). Couvrez le fond de tarte de papier cuisson, puis d'une couche de haricots secs et enfournez pour 25 min. Retirez le papier et les haricots 5 min avant la fin de la cuisson.
Préparez la crème : fouettez les œufs et les jaunes avec le sucre glace, ajoutez le jus et le zeste de citron et, enfin, le beurre fondu au safran. Versez la préparation sur la tarte à la sortie du four. Baissez la température à 150 °C (th. 5) et faites cuire de 15 à 20 min, afin que la crème soit prise. Laissez tiédir, puis mettez au réfrigérateur.
Sortez la tarte du réfrigérateur 30 min avant de la savourer. Servez avec une crème fouettée au citron (comme pour la recette du syllabub, p. 124).

« QUI VEUT TOUT POUVOIR

DOIT OSER

TOUT ENFREINDRE. »

PIERRE CORNEILLE

CUISSON : 55 MIN

PRÉPARATION : 20 MIN

POUR 6 PERSONNES

Gâteau ardéchois de marrons au fenouil

500 g de marrons pelés et blanchis sous vide, en bocal ou surgelés
60 g de fenouil
1 gousse de vanille
2 clous de girofle
4 gros œufs
2 lamelles de zeste d'orange
140 g de vergeoise + 20 g pour le moule
140 g de beurre + 20 g pour le moule
Fleur de sel

Préchauffez le four à 150 °C (th. 5). Placez les œufs et le beurre à température ambiante.
Fendez la gousse de vanille, grattez les graines et réservez-les. Lavez et coupez le fenouil en morceaux. Dans une casserole, mettez les marrons, le fenouil, la gousse grattée sans les graines et les clous de girofle. Couvrez d'eau, portez à ébullition, puis faites cuire à feu très doux pendant 10 min.
Pendant ce temps, séparez les blancs des jaunes d'œufs. Versez le sucre dans un saladier, incorporez les graines de vanille et les jaunes d'œufs, puis fouettez.
Égouttez le contenu de la casserole et passez-le dans un moulin avec le zeste d'orange. Incorporez le beurre mou coupé en morceaux à cette purée tant qu'elle est encore tiède, puis mélangez. Ajoutez le tout au mélange de jaunes d'œufs sucrés. Fouettez fermement les blancs en neige avec une pincée de fleur de sel, puis incorporez-les à la préparation.
Beurrez et sucrez généreusement un moule à manqué. Versez-y la pâte et enfournez pour 45 min. Servez ce gâteau tiède ou froid.

CONSEIL

Ce gâteau est délicieux accompagné d'un thé vert aux marrons, très simple à préparer : récupérez le sirop des marrons, versez-en 1 c. à c. dans un bol avec 1 c. à s. de thé matcha, fouettez, puis ajoutez 10 cl d'eau chaude, non bouillante. Servez avec le gâteau, le tout accompagné de caramel au thé vert, si vous le souhaitez. Vous pouvez aussi ajouter des brisures de marrons glacés, des noix concassées, et napper le gâteau d'un glaçage au chocolat.

GÂTEAU ARDÉCHOIS DE MARRONS AU FENOUIL

BEIGNETS DE POMMES DE TERRE AUX FRUITS CONFITS

Beignets de pommes de terre aux fruits confits

POUR 25 BEIGNETS ENVIRON PRÉPARATION : 30 MIN CUISSON : 1 H 30

300 g	de pommes de terre bintjes ou BF15
18 g	de levain fermenticide bio ou 1/4 de paquet de levure de boulanger
150 g	de farine
40 g	de fruits confits
1 l	d'huile de tournesol
100 g	de sucre

Épluchez et lavez les pommes de terre, plongez-les dans une casserole d'eau froide et portez à ébullition. Laissez cuire à petit bouillon pendant 30 à 50 min selon leur taille et leur âge. Pendant ce temps, délayez le levain ou la levure dans 4 cl d'eau. Au terme de la cuisson, égouttez les pommes de terre, pelez-les pendant qu'elles sont encore chaudes, puis réduisez-les en purée en les passant dans un moulin à fine grille. Versez la purée dans un saladier, mélangez-la avec la farine, puis incorporez le levain. Façonnez une boule, farinez-la et posez-la dans un récipient non métallique. Couvrez d'un torchon propre et laissez lever au four à 40 °C (th. 1) pendant 45 min. Pendant ce temps, coupez les fruits confits en petits dés et faites chauffer l'huile à 160 °C dans une casserole. Farinez vos mains et formez de petites boules d'environ 3 cm de diamètre en mêlant les dés de fruits confits à la pâte. Plongez-les au fur et à mesure dans l'huile bien chaude et laissez-les cuire pendant environ 4 min. Égouttez-les sur du papier absorbant, puis roulez-les dans du sucre.

CUISSON : 40 MIN

FENOUIL CARAMÉLISÉ À LA VANILLE, GLACE PLOMBIÈRE

PRÉPARATION : 10 MIN

POUR 4 PERSONNES

2	petits fenouils
2 c. à s.	d'anisette
40 g	de beurre
1 c. à s.	de sucre
2	sachets de sucre vanillé
50 g	de mélange de fruits confits : ananas, papaye et coco, raisins secs, zeste de citron vert râpé...
50 cl	de glace à la vanille

Préchauffez le four à 160 °C (th. 5-6). Lavez et séchez les fenouils. Pelez les premières feuilles avec un économe, puis coupez les fenouils en deux dans le sens de la longueur. Ôtez le pédoncule et détachez les feuilles les unes après les autres. Beurrez un plat à gratin, disposez les feuilles sur la face coupée, arrosez d'anisette, puis parsemez du beurre coupé en petits morceaux. Saupoudrez de sucre et de sucre vanillé, couvrez d'aluminium, puis enfournez pour 40 min, en mélangeant de temps en temps.
Sortez la glace du congélateur 10 min avant de servir afin de la ramollir un peu. Disposez le mélange de fruits dans un saladier, ajoutez la glace à la vanille, puis mélangez rapidement à l'aide d'une fourchette. Servez cette préparation dans des assiettes, accompagnée du fenouil bien chaud.

POUR 4 PERSONNES PRÉPARATION : 20 MIN CUISSON : 1 H REPOS : 12 H

Mont-blanc aux haricots blancs

150 g de haricots cocos blancs
1 c. à c. de rhum
1 c. à c. de vanille liquide
100 g de sucre
25 g de beurre
40 g de meringue à la vanille
Sucre glace

CRÈME CHANTILLY
20 cl de crème liquide
50 g de crème épaisse
1 gousse de vanille ou 1 c. à c. de vanille liquide
20 g de sucre

La veille, faites tremper les haricots dans un récipient rempli d'eau pendant toute 1 nuit.
Le jour même, placez le beurre à température ambiante. Égouttez les haricots et rincez-les. Mettez-les dans une casserole, couvrez-les d'eau, puis laissez cuire 1 h à feu doux. Ajoutez de l'eau dans la casserole en cours de cuisson si nécessaire. Égouttez et rincez.
Préparez la crème chantilly : dans un saladier profond, versez la crème liquide, ajoutez la crème épaisse, la vanille et le sucre. Réservez au réfrigérateur pendant 20 min au moins.
Pesez 280 g de haricots et réservez le reste. Versez-les dans le bol d'un mixeur, ajoutez le rhum et la vanille liquide, puis mixez pendant 1 min. Incorporez ensuite le sucre, ajoutez le beurre mou et mixez pendant 1 min supplémentaire. Vous devez obtenir une texture de mayonnaise épaisse. Prélevez 120 g de cette crème et versez le reste dans une poche à douille ou un sac plastique alimentaire, puis réservez au frais.
Concassez de gros éclats de meringue, incorporez-les aux 120 g de crème de haricot réservés. Formez 4 belles boules et mettez-les au congélateur le temps qu'elles figent.
Dressez le dessert : placez 1 boule de crème de haricot dans chaque assiette, couvrez-la de chantilly, puis faites couler la crème de haricot en fins spaghetti autour de la boule de meringue. Décorez de quelques meringues brisées et saupoudrez d'un peu de sucre glace.

MILLEFEUILLE DE MOUSSE ET TUILES AUX MARRONS

REPOS : 2 H

CUISSON : 10 MIN

PRÉPARATION : 20 MIN

POUR 6 PERSONNES

Millefeuille de mousse et tuiles aux marrons

MOUSSE

200 g	de chocolat noir à 70 % de cacao
200 g	de crème de marron
2 c. à s.	de rhum ou de whisky (facultatif)
1 c. à s.	de cacao amer en poudre
25 cl	de crème liquide
5	blancs d'œufs
	Sucre glace

TUILES

200 g	de crème de marron
30 g	de grué de cacao

Versez la crème liquide dans un saladier et placez-le pour 15 min au congélateur.
Faites fondre le chocolat au bain-marie ou dans le four à micro-ondes. Mélangez la crème de marron, l'alcool, le cacao amer et le chocolat fondu. Montez les blancs d'œufs en neige et ajoutez-les à la préparation.
Sortez la crème du congélateur et fouettez-la en chantilly. Incorporez-la au mélange chocolaté. Versez la mousse dans une poche à douille et laissez refroidir 2 h au moins.
Préchauffez le four à 180 °C (th. 6) en fonction de chaleur sole et voûte. Déroulez une feuille de papier cuisson et étalez dessus très finement la crème de marron en carrés irréguliers. Lissez bien avec une spatule. Les tuiles ne doivent pas comporter de trous. Saupoudrez-les de grué. Posez-les sur une plaque à pâtisserie et enfournez pour 7 min. Dès la sortie du four, retirez le papier de la plaque et décollez les tuiles.
Dans chaque assiette, alternez quenelle de mousse bien froide et tuile. Décorez d'un peu de cacao en poudre, de sucre glace et de grué de cacao.

CONSEIL

Ajoutez éventuellement quelques éclats de marrons nature, pas confits, car la pâte est déjà très sucrée.

CUISSON : 10 MIN

200 g	de pruneaux d'Agen dénoyautés
20 cl	d'armagnac
100 g	environ de cerneaux de noix
3 c. à s.	de sucre roux
20 g	de beurre
1 c. à c.	de café lyophilisé
3	gousses de cardamome
	Huile neutre

PRUNEAUX CARAMÉLISÉS AU CAFÉ

PRÉPARATION : 5 MIN

Mettez les pruneaux dans un bol, couvrez-les d'armagnac, puis passez-les 1 min au four à micro-ondes à pleine puissance. Égouttez-les en conservant le jus de macération. Farcissez chaque pruneau de 1 cerneau de noix.

Faites caraméliser le sucre dans une petite poêle sur feu doux, déglacez avec l'armagnac de la macération et ajoutez le beurre. Remettez sur le feu et laissez bouillir 1 min en mélangeant. Ajoutez le café en poudre et les gousses de cardamome écrasées, mélangez de nouveau et ajoutez les pruneaux. Mélangez bien pour les enrober, puis disposez-les sur une grande assiette huilée. Arrosez-les du reste de caramel et laissez-les refroidir jusqu'à ce qu'ils soient croquants.

POUR 4 PERSONNES

CONSEIL

Vous pouvez réaliser cette recette sans cardamome et avec du café liquide très serré.

PRUNEAUX CARAMÉLISÉS AU CAFÉ

CUISSON : 40 MIN

PRÉPARATION : 10 MIN

POUR 4 POTS DE 50 CL

2 kg	de tomates vertes
1,7 kg	de sucre
1	gousse de vanille
3 branches	de basilic

MA CONFITURE DE TOMATES VERTES

Lavez les tomates et coupez-les en huit ou seize morceaux selon leur taille, soit des morceaux de 12 g environ. Coupez la gousse de vanille en deux et grattez les graines. Lavez le basilic et effeuillez-le. Mettez les tomates dans une grande casserole, ajoutez le sucre, la gousse et les graines de vanille et les feuilles de basilic. Faites chauffer sur feu vif et mélangez pendant 5 min, le temps que du jus se forme et qu'il arrive à ébullition. Couvrez et laissez cuire pendant 20 min à feu moyen. Retirez le couvercle, augmentez le feu et laissez cuire encore 15 min.

Pendant ce temps, ébouillantez quatre bocaux de 50 cl et faites-les sécher sur un linge propre. Remplissez-les à l'aide d'une louche, fermez et retournez-les le temps qu'ils refroidissent.

CONSEIL

Attention à bien nettoyer le pas de vis des couvercles et des pots de confiture avec un linge humide avant de fermer. Je dépose ces tomates sur ma baguette beurrée du matin ou je les sers avec du fromage !

CUISSON : 50 MIN

2	rouleaux de pâte feuilletée
400 g	de patidous (2 pièces) ou 300 g de purée de potiron en boîte
35 g	de beurre
50 g	de poudre d'amande
50 g	de sucre roux
1	œuf + 1 jaune
1/2 c. à c.	d'arôme vanille
1/2 c. à c.	d'essence d'amande amère
10 g	de sucre glace

Galette des Rois au patidou

PRÉPARATION : 20 MIN

Placez le beurre à température ambiante. Lavez les patidous, coupez-les en quatre, puis retirez les graines et les pédoncules. Enveloppez chaque morceau dans du film alimentaire, piquez le film en trois ou quatre endroits, puis faites-les cuire pendant 9 min à 900 W au four à micro-ondes. Prélevez la chair et écrasez-la à l'aide d'un presse-purée. Déposez-la au centre d'un torchon et pressez-la pour en extraire un maximum d'eau. Dans un saladier, écrasez le beurre avec la poudre d'amande et le sucre. Ajoutez l'œuf, la vanille et l'amande amère. Fouettez bien et incorporez la purée de patidou.

Déroulez la pâte feuilletée sur une feuille de papier cuisson. Étalez la crème au patidou en laissant 2 cm de bord vierge, recouvrez de l'autre pâte, puis soudez les bords en pressant légèrement avec vos doigts. Mélangez le jaune d'œuf avec 1 c. à c. d'eau et dorez la galette à l'aide d'un pinceau. Tracez des motifs, puis faites une cheminée au centre avec la pointe d'un couteau et entaillez la galette en deux ou trois endroits. Mettez au frais le temps de préchauffer le four à 180 °C (th. 6). Faites cuire la galette pendant 40 min.

Retirez-la 5 min avant la fin de la cuisson et montez la température à 250 °C (th. 8). Saupoudrez-la de sucre glace à l'aide d'une passette, puis remettez-la au four. Dégustez-la tiède.

POUR 6 PERSONNES

CONSEIL

Pour faire plus original encore, vous pouvez réaliser une tourte sablée au patidou. La crème est la même, mais la pâte est sablée (150 g de farine, 100 g de beurre et 60 g de sucre roux). Étalez-la en 2 disques et conservez ceux-ci au frais avant le montage. Faites cuire pendant 25 min.

Cette galette étant meilleure tiède, réchauffez-la après l'avoir réservée.

SCARPACCIA

CRÊPE DE COURGETTES

CUISSON : 1 H 15

PRÉPARATION : 10 MIN

POUR 8 PERSONNES

Scarpaccia
Crêpe de courgettes

600 g	de courgettes
50 g	de beurre + 20 g
50 g	de raisins secs
150 g	de farine
150 g	de sucre + 20 g
2	œufs
1 c. à c.	de vanille liquide
1/2 c. à c.	de cannelle en poudre (facultatif)
10 cl	de crème liquide
1	bonne pincée de sel

J'adore la texture un peu élastique de ce gâteau à mi-chemin entre le far breton et la tortilla sucrée. C'est un classique toscan de la région de Camaiore. Il peut se cuisiner salé, aux oignons et au parmesan, ou bien sucré. Vous n'aurez pas de mal à deviner où va ma préférence... La cannelle est un ajout personnel car je trouve que son arôme relève idéalement le parfum un peu fade de la courgette, mais vous pouvez bien sûr vous en passer.

Préchauffez le four à 180 °C (th. 6). Dans une poêle, faites fondre le beurre sur feu doux avec les raisins. Dans un saladier, fouettez la farine avec le sucre, les œufs, le mélange beurre-raisins, la vanille, la cannelle, la crème liquide et le sel.

Râpez les courgettes à la grosse grille et pressez-les dans un torchon afin d'en retirer l'eau. Ajoutez-les ensuite au mélange. Versez dans un moule à manqué de 23 cm de diamètre, beurré et sucré. Enfournez pour 1 h 15.

Faites fondre les 20 g de beurre restants. À mi-cuisson, badigeonnez la surface de la préparation de beurre à l'aide d'un pinceau, puis saupoudrez de sucre pour que la croûte dore bien. Laissez complètement refroidir avant de démouler.

Servez en parts, à température ambiante.

« ON NE FAIT BIEN QUE CE QU'ON AIME.

NI LA SCIENCE NI LA CONSCIENCE NE MODÈLENT UN GRAND CUISINIER. »

COLETTE

CUISSON : 20 MIN

PRÉPARATION : 25 MIN

POUR 6 PERSONNES

Tarte noglu aux fruits secs et caramel de coco

150 g	de granola nature sans gluten + 1 poignée
60 g	de beurre mou
100 g	de mélange de noix, amandes, noisettes
200 g	de sucre
150 g	de crème de coco (ou 200 g de lait)
50 g	de purée d'amande
1/2 c. à c.	de cannelle
1	bonne pincée de gingembre en poudre
1 c. à c.	d'arôme vanille liquide
150 g	de chocolat noir amer
3 c. à s.	de café serré

Préchauffez le four à 180 °C (th. 6). Mixez le granola, ajoutez le beurre et mixez de nouveau. Étalez le mélange dans un moule à tarte à fond amovible et pressez-le en le faisant remonter le long des bords. Entreposez au congélateur le temps de poursuivre la recette.

Déposez les fruits secs sur une plaque recouverte de papier cuisson et enfournez pour les faire dorer pendant 10 min.

Dans une poêle antiadhésive, faites caraméliser le sucre à feu moyen. Déglacez à la crème de coco, puis faites fondre de nouveau sur feu vif en mélangeant. Ajoutez la purée d'amande et les épices.

Faites cuire le fond de tarte pendant 10 min au four. Laissez refroidir et durcir.

Hachez finement le chocolat et faites-le fondre au bain-marie avec le café. Étalez-le sur le fond de tarte refroidi. Recouvrez de fruits secs en les enfonçant légèrement pour qu'ils adhèrent au chocolat, mais réservez-en une petite poignée pour la déco. Couvrez de caramel, saupoudrez de quelques fruits secs et d'un peu de granola tant que le caramel est mou. Conservez au réfrigérateur. Démoulez et servez frais.

CONSEIL

Vous pouvez remplacer le café par 1 c. à s. d'huile neutre.

Cette tarte peut être conservée au congélateur et mangée sans décongélation.

TARTE NOGLU AUX FRUITS SECS ET CARAMEL DE COCO

CUISSON : 40 MIN

PRÉPARATION : 20 MIN

POUR 4 PERSONNES

Crumble fenouil et pomme

1 fenouil
3 petites pommes chanteclercs
3 dattes
1 c. à s. d'huile d'olive
1 c. à s. de sirop de citron
1 c. à s. d'anisette
Huile d'olive

PÂTE
150 g de farine
100 g de vergeoise blonde
90 g de beurre
1 pincée de sel

Préchauffez le four à 200 °C (th. 7) et placez le beurre à température ambiante. Lavez le fenouil, ôtez la plus grande partie des tiges, puis coupez-le en quatre. Faites-le cuire à la vapeur pendant 10 min ou à couvert dans le four à micro-ondes à 900 W pendant 4 min.
Pendant ce temps, préparez la pâte à crumble : dans un saladier, mélangez la farine avec la vergeoise et le sel, ajoutez le beurre coupé en dés, puis mélangez le tout du bout des doigts, jusqu'à l'obtention d'une pâte sableuse.
Épluchez les pommes et taillez-les en dés, puis faites de même pour le fenouil. Pelez et coupez les dattes en lamelles. Huilez généreusement un plat d'huile d'olive, mettez-y les dés de pommes et de fenouil, ajoutez le sirop de citron et l'anisette, puis ajoutez les lamelles de dattes. Mélangez et tassez bien. Couvrez de pâte en l'émiettant du bout des doigts, puis enfournez pour 30 min sur une grille.
Servez ce crumble tiède ou froid, accompagné de glace à la vanille.

CONSEIL

Vous pouvez parfumer la pâte à crumble en ajoutant quelques graines d'anis et incorporer quelques biscuits concassés pour la rendre plus croustillante encore. Vous pouvez également remplacer le sirop de citron par du miel de citronnier et vous passer de l'anisette.

CRUMBLE DE FENOUIL ET POMME

REPOS : 2 H

CUISSON : 50 MIN

PRÉPARATION : 20 MIN

POUR 6 PERSONNES

Tourte de verdure aux raisins secs et pignons à la niçoise

PÂTE BRISÉE

60 g	de sucre
2	jaunes d'œufs
80 g	de beurre
200 g	de farine
2	bonnes pincées de sel

GARNITURE

350 g	de feuilles d'épinard
200 g	de jeunes courgettes
50 g	de pignons de pin
30 g	de beurre
1	œuf
1/4	de c. à c. de muscade râpée
1/4	de c. à c. de cannelle moulue
100 g	de sucre
30 g	de raisins secs
2 c. à s.	de zeste d'orange râpé
20 g	de parmesan râpé
20 g	de poudre d'amande
1	jaune d'œuf pour dorer la pâte

Préparez la pâte : placez le beurre à température ambiante. Mixez ensemble le sucre avec les jaunes d'œufs et le beurre mou. Ajoutez la farine et le sel, et mixez rapidement. Ajoutez 1 ou 2 c. à s. d'eau, puis mixez de nouveau. Enveloppez la pâte de film alimentaire et laissez-la reposer 2 h au réfrigérateur. Préchauffez le four à 190 °C (th. 6-7). Glissez-y un plat à gratin contenant les pignons et laissez-les le temps de les faire joliment dorer.

Lavez, équeutez et hachez grossièrement les épinards. Lavez et râpez les courgettes à l'aide de la grosse grille. Placez les légumes dans une grande poêle, ajoutez le beurre et faites fondre 5 min à feu vif en mélangeant sans cesse.

Dans un saladier, battez l'œuf et versez le reste de la garniture. Sortez la pâte du réfrigérateur. Étalez-la jusqu'à former un disque de 35 cm de diamètre environ. Piquez le centre avec les dents d'une fourchette. Déposez le disque de pâte sur une plaque à pâtisserie. Mélangez la préparation aux épices avec les légumes refroidis, puis versez-la sur la moitié de la pâte en laissant 2 cm de bord vierge. Repliez la pâte sur la garniture et pressez légèrement les bords pour les souder. Mélangez le jaune d'œuf à 1 c. à c. d'eau et dorez la pâte à l'aide d'un pinceau. Enfournez pour 40 min. Servez la tourte tiède, accompagnée d'une boule de glace à la vanille.

CUISSON : 15 MIN

Soufflés d'avocat aux pommes et sirop de canne

PRÉPARATION : 15 MIN

POUR 4 PERSONNES

1	avocat bien mûr
1	pomme granny smith
1	citron vert
2 c. à s.	d'huile d'olive
1 c. à s.	de jus d'orange
1 c. à c.	de gingembre râpé
4 c. à s.	de sirop de sucre de canne
5 cl	de rhum
3	blancs d'œufs (80 g)
20 g	de beurre
20 g	de sucre
	Cannelle
	Sucre glace

Préchauffez le four à 190 °C (th. 6-7). Épluchez la pomme, lavez le citron, râpez son zeste et pressez la moitié de son jus. Mixez finement la chair de l'avocat avec la moitié de la pomme, 1 c. à s. d'huile d'olive, le jus d'orange, le jus de citron vert et son zeste, le gingembre, ainsi que 2 c. à s. de sirop de sucre de canne.

Coupez le reste de la pomme en petits dés et faites-les sauter à feu vif dans l'huile restante. Déglacez au rhum et ajoutez 1 c. à s. de sirop de sucre de canne. Montez les blancs d'œufs en neige, sucrez-les avec 1 c. à s. de sirop de canne. Beurrez et sucrez 4 ramequins, puis versez-y la préparation. Enfournez et laissez cuire pendant 15 min environ.

Servez les soufflés chauds, saupoudrés de cannelle et de sucre glace.

CUISSON : 45 MIN

PRÉPARATION : 20 MIN

POUR 6 PERSONNES

3	aubergines de 300 g chacune
125 g	de sucre
90 g	de beurre
3 c. à c.	de vanille liquide ou 1 gousse de vanille grattée
1	disque de pâte sablée (p. 314)
	Sucre glace
	Sel
	Poivre du moulin

Tarte tatin d'aubergines vanillées

Lavez et séchez les aubergines. Éliminez les extrémités et coupez-les en rondelles de 2,5 cm d'épaisseur. Dans deux grandes poêles, répartissez le sucre, le beurre et la vanille, puis mélangez sur feu vif jusqu'à ce que vous obteniez un mélange homogène. Disposez-y les rondelles d'aubergines bien serrées en une seule couche, salez légèrement, poivrez, et laissez cuire à feu moyen pendant 20 min, en les retournant deux ou trois fois. Le caramel doit être bien réduit, et les aubergines très dorées et bien tendres. Prolongez la cuisson si ce n'est pas le cas, puis laissez tiédir.
Préchauffez le four à 200 °C (th. 7). Découpez un disque de pâte à la dimension du moule (22 cm environ). Disposez les aubergines dans le moule en les faisant se chevaucher, puis recouvrez du disque de pâte en l'enfonçant légèrement à l'intérieur, le long des parois du moule. Aplatissez délicatement avec le plat de la main, pour chasser l'air et bien répartir les aubergines. Entaillez la pâte d'une petite croix au milieu pour laisser la vapeur s'échapper. Enfournez pour 25 min. La pâte doit être bien dorée. Si nécessaire, prolongez la cuisson de quelques minutes. Démoulez immédiatement sur un plat.
Servez cette tarte tiède ou froide, saupoudrée de sucre glace et accompagnée de glace vanille.

CONSEIL

Pour une présentation originale, coupez des parts très fines et servez-les par 3, posées sur la tranche. Accompagnez de caramel balsamique.

TARTE TATIN D'AUBERGINES VANILLÉES

Annexes

Mes recettes de base

Pâte sucrée

90 g de beurre
170 g de farine
20 g de poudre d'amande
60 g de sucre glace
1 petit œuf battu
1 pincée de sel

Préparez la pâte sucrée. Coupez le beurre en petits dés, placez tous les ingrédients de la pâte dans le bol d'un mixeur, et mixez jusqu'à l'obtention d'une boule grossière. Aplatissez-la légèrement, emballez-la dans du film alimentaire, puis laissez reposer au minimum 1h au réfrigérateur.

Pâte brisée

240 g de farine
125 g de beurre
1 jaune d'œuf
10 g de sucre
4 g de sel

Mettez tous les ingrédients dans un mixeur, et mixez jusqu'à l'obtention d'un crumble. Versez 5 cl d'eau, mixez à nouveau brièvement, et formez une boule. Emballez-la dans du film alimentaire, puis mettez-la au réfrigérateur au moins 1 h.

Pâte sablée

250 g de farine T45
50 g de Maïzena®
150 g de beurre mou
120 g de sucre
1 œuf
1 pincée de sel

Mélangez tous les ingrédients de la pâte rapidement au mixeur. Formez une boule, emballez-la dans du film alimentaire, puis mettez-la au réfrigérateur au moins 1 h.

Crème pâtissière

50 cl de lait
100 g de sucre
1 gousse de vanille
4 jaunes d'œufs
40 g de Maïzena®
20 g de farine

Fouettez les jaunes d'œufs dans un saladier, ajoutez la Maïzena® et la farine, puis mélangez. Versez-y le lait sans cesser de mélanger. Transvasez à nouveau dans la casserole et fouettez énergiquement pendant 5 min, jusqu'à ce que la préparation ait épaissi. Étalez sur un grand plat pour faire refroidir cette crème et filmez « au contact », c'est-à-dire sans laisser d'air entre le film alimentaire et la préparation.

Chantilly parfumée

30 cl de crème liquide
40 g de crème épaisse
ou de mascarpone
30 g de sucre
1 gousse de vanille

Dans un saladier profond, mélangez les crèmes et montez-les au batteur électrique. Quand la chantilly est déjà bien montée, ajoutez le sucre et la vanille. Réservez au réfrigérateur.

Génoise

125 g de sucre
1 c. à s. de vanille liquide
2 œufs + 3 jaunes
60 g de farine
60 g de Maïzena®
1 pincée de sel

Mettez le sucre, le sel, la vanille, les œufs et les jaunes d'œufs dans un saladier, puis mélangez. Placez sur un bain-marie et fouettez 3 min pour que le mélange tiédisse et atteigne 40 °C. Cette étape permet de faire fondre le sucre et de précuire les œufs. Continuez de fouetter hors du feu au fouet électrique jusqu'à ce que le mélange soit bien aéré, mousseux, et qu'il soit refroidi. Incorporez alors la farine et la Maïzena® tamisées en soulevant la préparation avec une écumoire. Étalez la préparation sur une plaque à pâtisserie recouverte de papier cuisson. Enfournez pour 5 à 7 min. Le gâteau doit être légèrement blond sur le dessus.

Quelques équivalences pour vous faciliter la vie

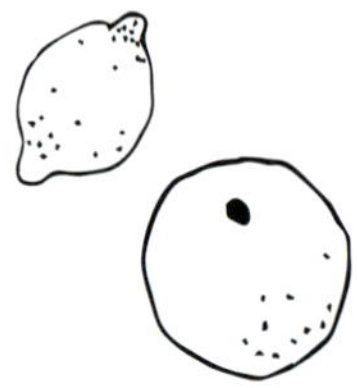

	les agrumes	les oeufs
2 g 1 feuille de gélatine	4 cl Le jus de 1 citron jaune	50 g 1 œuf
10 g 1 cl d'eau	6 cl Le jus de 1 orange	20 g 1 jaune d'œuf
12 g 1 cl d'huile		30 g 1 blanc d'œuf

1 c. à c.	1 c. à s.	1 verre d'eau
0,5 cl d'eau	1,5 cl d'eau	15 cl d'eau
4 g de farine	10 g de farine	100 g de farine
5 g de sucre	14 g de sucre	140 g de sucre

Mes ingrédients indispensables pour la pâtisserie

Avec cette liste de produits de base,
vous pourrez réaliser la majorité des recettes de ce livre.
Ajoutez-y quelques fruits de saison
et le tour est joué !

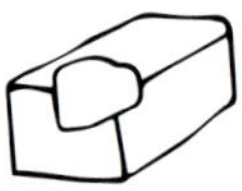

Côté Frigo

Œufs

Beurre

Crème liquide

Citrons

Lait

Côté Placard

Sucre en poudre, cassonade,
sucre glace
Farine de blé et Maïzena®
Poudre d'amande
Fruits secs : amandes,
noisettes, noix
Chocolat (noir, blanc, lait)
Cacao en poudre
Gélatine en feuilles
Levure chimique
Levure de boulanger
Cannelle
Gousses de vanille
ou vanille en poudre

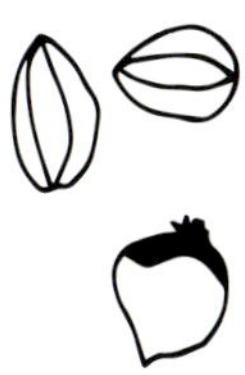

Table des matières

Partage

ÉVASION

légèreté

Enfance

MINIATURES

AUDACE

Index alphabétique des recettes

• M •

• N •

• P •

• S •

• T •

• U •

• V •

• Z •

Envie de...

Épices

Chocolat

Douceur

Produits laitiers

Index par type de recettes

Beignets

Confitures

Crèmes, flans, clafoutis

Crumbles, gratins

Desserts aux fruits

Desserts de fête

Gâteaux et cakes

Glaces

Mousses

Pain, crêpes

Petits gâteaux

Soufflés

Tartes

Verrines

Recettes sans allergènes

Sans lait

Sans gluten

Sans œufs

Remerciements de Julie

Merci à tous ceux qui ont contribué
à l'élaboration de ce livre.

Merci à *Stéphane, Hadrien, Emma et Thomas*,
goûteurs attentifs et généreux

Merci à *Alain Ducasse*
et à toute l'équipe des Éditions :
Alice Gouget, Claire Dupuy, Camille Gonnet

Merci à Soins Graphiques :
Pierre Tachon, Sophie Brice, Aurélie

Merci à *Virginie Garnier* pour ses images,
et à *Marlène Dispoto* pour sa mise en valeur
des recettes.

Merci à *Mathilde Laborderie* et *Monichéra Oum*.

Merci aux amis et aux chefs amateurs
ou pro qui ont bien voulu me transmettre
leurs recettes.

Merci à toute l'équipe de 3ème Œil Productions.

Merci aux cuisines Perene.

Directeur de collection
Alain Ducasse

Directrice
Aurore Charoy

Responsable éditoriale
Alice Gouget

Éditrice
Claire Dupuy

Photographies
Virginie Garnier

Stylisme
Marlène Dispoto

Direction artistique & conception graphique
Soins Graphiques
Pierre Tachon et Sophie Brice
Merci à Aurélie

Photogravure
Nord Compo

Relecture
Karine Elsener

Responsable marketing et communication
Camille Gonnet

L'éditeur remercie Maud Rogers pour son aide efficace.

Imprimé en CE
ISBN 978-2-84123-797-5
Dépôt légal 4e trimestre 2015

2, rue Paul Vaillant Couturier
92532 Levallois-Perret Cedex

Imprimé sur du papier FSC provenant de bois gérés de manière responsable.

j'aime

UNE CRÊPE DE SARRASIN AU SUCRE ET AU BEURRE DEMI-SEL.

Manger ma glace avec une cuillère en bois comme les Japonais.

LES PISTACHES DE BRONTE ET LES NOISETTES DU PIÉMONT.

La tarte à la vanille de Pierre Hermé.

LE SORBET AU CHOCOLAT.

Faire un petit-déjeuner uniquement composé de pâtisseries.

Un peu de bruccio frais arrosé de miel et de poivre.